JN048017

岩壁 茂 監修　工藤由佳 著

# 愛着トラウマケアガイド

共感と承認を超えて

金剛出版

# 目　次

第Ⅰ部
## 愛着トラウマケアを理解する

第Ⅱ部
# 愛着トラウマケアを実践する

# 推薦の辞

　本書を読んでみてもらえないかと依頼され，のちに推薦文の寄稿を託されて，私は実に胸を熱くし大変に光栄に感じています。この20数年にわたって私は仲間たちといくつかの心理療法を提唱してきましたが，本書はそれに取り組む際の姿勢と方法を表した，まさに心躍る優れた具体例です。このガイドでは，私たちが心理療法において目標とし推進している核心的な諸原則，すなわち，高水準の使いやすさや，すぐに使える飾らない臨床実践が見事に実現されています。

　本書は，心理療法の介入を真に効果的にするための実践ガイドです。複雑な社会や内面世界で苦しみを味わう人を支え導くという課題，かなり込み入ってはいるものの突き詰めればありふれた課題に着手する際に，支援者（セラピスト・医療従事者）が採るべき姿勢と方法が見事に記述され，簡潔に表現されています。本書に示される諸原則は，優れて親しみやすく人間味のある形で強調され描かれており，一見すると簡単に見えるかもしれません。相談者（クライエント・患者）に好奇心と強い関心を寄せることなど，苦もなくできそうです。しかし，当人が自分自身を理解し可能性を見出すときに，支援者の思い込みや先入観を挿しはさまないようにすることは，自己鍛錬と感情の成熟を必要とし，ほとんどの人にとって骨の折れる難題なのです。また，相談者特有の交流のあり方やコミュニケーション様式に系統的に繰り返し焦点を当てて明確にし続けることにも，鍛錬が求められます。

　このガイドで心理療法の課題とみなされるのは，仮説の生成であり，もう一方で，早まった終結の回避，そして時期尚早で不正確な結論を下すリスクの低減です。ここで提唱されているのは，協力的で関わりやすい支援者の態

度です。相談者本人だけでなく，相談者が交友関係で大切にしている人について，さまざまな感情や態度を知り，より深く理解することも本書が目指しているものです。本書が提唱する支援者側の開かれた姿勢は，相談者が人生の問題にこれまでと違った方法で向き合い，眺めるために必要不可欠です。また相談者が有益な選択をするのを阻んだり歪めたりする，知らず知らずの思い込みに対して重要な修正をするためにも欠かせません。

　本書では，支援者の基本的姿勢が見事に描かれています。ここで浮き彫りになるのは，支援者と相談者が一緒になって今の現実を探索する姿勢です。支援者の行動は一貫して，何の変哲もない非専門家のそれとして的確に描かれています。支援者は，相談者の心について特権的かつ専門的な「特殊」知識をひけらかさないよう，行動で示していきます。その姿勢は権威主義的ではなく，ましてや誰かに自分の世界観を押し付けもしません。そこにあるのは，これまでとは異なる認識が生まれる源泉を探索したいという願いです。その姿勢が提示する理解と敬意と実りのある方法を通じて，二人の人間は物事を違った見方で見ることができるようになるかもしれないのです。その変化の前提として本書のアプローチでは，まずは相談者が自分自身の見方を「持っていいものだ」と安心して自覚することを支援します。そうすることで初めて自分と相手の意見を擦り合わせて，よりよく洗練させていくことができるのです。著者は支援者といえどもひとりの人間であることを受け入れています。間違うこともあれば，相談者とのやりとりのなかで感情を動かされることもあると，勇気を持って打ち明けます。治療の意味は，単なる物の見方の変化という結果だけではありません。それはむしろ，ある物の見方がどこからもたらされたのかを見つけるために，相談者と支援者が一緒に歩む旅の過程そのものなのです。ここで試されているのは，特定の問題をめぐる新たな気づきや深い知識に到達しよう，ということではありません。むしろ，辛さを抱えた状態で相談に来た誰かに治療的な可能性を与え，その人が本来持っている力を引き出し，相談を終える頃にはより自信を持って，より力強く，自分自身や他者をより信じられるようにすることなのです。

　ここで一度立ち止まって，このガイドの極めて重要な一側面について指摘

したいと思います。それは，本書で提唱されている取り組みの姿勢と方法が，心理療法が生み出す相関的環境に（陰に陽に）焦点を当てていることです。悩みを抱えた人というものは，より力の弱い存在として心理療法に訪れることを余儀なくされ，支援者と自分の関係が本質的に対等ではないと感じています。しかしこのガイドでは，治療関係，あるいはこの独特な形での人との出会い，それらからもたらされうる利益を相談者が十分に享受しようとするならば，相談者と対等でなければまったくもって無駄に終わると考えています。

　このガイドが描写する支援者は，謙虚な姿勢，つまりある種の治療的な公平性を体現しています。相談者の経験への好奇心が醸し出す徹底した無知の知の姿勢に，それはよく表われています。支援者は，自分の経験を利用して，相談者の"無意識"のレベルまで深く探索し，相談者の行動，感情，信念を説明しようとはしません。相談者が表現する基本的には意識レベルの体験を詳しく記述し，深く理解して信頼を構築します。そして本書のアプローチが成功した後には，どのような考え，感情，前提，（時に間違った）信念が今の問題を引き起こしうるのかをもっと理解しようとする探究心や願いを持ち，それらを相談者にも抱いてもらうことを目指しています。この対等性から生まれるのが安全基地であり，その強固で頑強な関係性のなかで，苦しくて助けを求める相談者は，自分のこれまでの経験を安全に探索できるようになるのです。

　以上から，支援者が相談を受ける場にもたらす治療同盟は支援者の姿勢に左右される，と言えるでしょう。支援者と相談者が共に育む治療同盟によって，ここで示された心理療法の効果，それも精神疾患への他のほとんどの介入法を上回る効果が生まれます。この姿勢は，変化を引き起こします。なぜならこの姿勢は，私が"サルトジェネシス"と呼ぶ状態，つまり相談者の主体性や自律の感覚を回復させ，自己修正の能力が開放される状態を支援するからです。精神医学では，相談者の何がいけないのか，人生の困りごとを病的な仕方で解決しようとする原動力は何なのか，原因は遺伝的か生物的か心理社会的か，これらの答えを見つけようと時間をかけ過ぎているのかもしれません。本書が一貫して賞賛し大事にするサルトジェネシスとは，原因の究

明に焦点を当てるのではなく解決を探るものです。その視点はネガティブではなくポジティブなものです。

　このガイドが最初から最後まで的確に，言ってみれば類を見ないほど洗練して達成しているのは，相談者が経験している世界を支援者が理解できるようにすることです。また相談者が受け入れられ，尊重され，一人の人間として価値を与えられたと感じられるほど明快に，支援者の理解を相談者に提示できるようにすることです。ここに至って相談者は，目の前の相手を信頼できるようになり，自分の置かれた社会環境や内面世界に関する自らの考え・感情についてより深く，より誠実に，より精緻に探索できるようになります。この信頼，つまり傷ついた自分を共に探求できる人が見つかったという感覚があればこそ，相談者は心を開いて新たな解決策を共に探れるようになります。支援者の視点が相談者の視点に加われば，相談者はそれを内面化し，かつての理解と統合し，相談場面以外の状況で思い出して活用できるかもしれません。このプロセスでは，単に自分や他者についての理解が変化する可能性があるだけではありません。社会のなかで他者から学びたいという相談者の気持ちは精神疾患によってひどく制限されているものですが，その制限が解かれ，もう一度，上手くいけば人間社会が我々全てに提供するサルトジェネシスから恩恵を受けられると思えるようになる──それこそが，より重要なのです。心理療法が，安心の確保，安全，そして信頼への期待に変化を生じさせるのです。

　本書を読んだ支援者は，相談者と信頼を築き，深く関わり，並んで“歩む”ために必要な能力と自信を手にするでしょう。そして支援者と相談者は，焦って問題を解消しようとするあまり，さしたる効果も得られないことを時期尚早に目ざすのではなく，むしろ問題があることを受け入れられるようになります。仲間となり，協力関係を結んで共に歩むことで，フィードバックの好循環が生まれます。理解すること，そして誰かから理解されていると感じることにより，相談者と支援者の間に心の交流の循環が生まれます。その循環がまた，人と人との関与を生むことにつながり，さらに発展していきます。支援者は他者を信頼する力の開発に当たるべきだ──そう訴える著者の旅に，

ぜひあなたも加わってみてください。それを実現するのは，率直さ，誠実さ，優しさ，謙虚さであり，また何をおいても，つながれること，ありふれたこと，特別でない姿勢です。然るに，本当に特別なものとは，実はそういったものではないでしょうか。

University College London 心理学・言語学部長
Anna Freud 最高責任者
ピーター・フォナギー

# 監修者序文
## 次世代の認知行動療法

### エビデンス・ベースト・アプローチの先へ

　心理療法における近年の顕著な発展は何であろうか。しばらく前に，医療だけでなく社会全体がエビデンスに対して大きな期待をかけていた。心理療法においても，エビデンス・ベースト・アプローチが注目を集めた。エビデンス・ベースト・アプローチとは，うつ，社交不安障害，パニック障害など個々の心理障害に対する，その効果が客観的で厳密な方法をもった効果研究によって証明された介入法である。心理療法をエビデンスによって選別するということは理念としてはとても納得できる。しかし，クライエントの特性や文脈にかかわらず，ある障害に対して介入を一様に当てはめるという考え方は，一人ひとりのクライエントの違いを重視することが基本姿勢として身についている臨床家には受けが良くなかった。

　興味深いことに，このような考え方は，エビデンス・ベースト・アプローチの介入法を開発し，効果研究を推進してきた当事者によって崩されつつある。特定の障害に対してその障害固有の特質に合わせた介入法が必要であるという考え方が，このようなエビデンス・ベースト・アプローチの基盤となっていた。ところが，不安障害でも気分障害でも根底には感情調整の問題があるため，診断を超えて共通の病理のメカニズムを扱えば良いという診断横断的なアプローチが登場した。そして厳密な効果研究によって，診断横断的アプローチは，個々の障害別のアプローチと比べて効果が劣らないことが示されてきた。つまり，診断別に異なる介入法を学ぶ必要はなく，個々の障害に合わせて介入を開発することもその効果を示すことも効率的な心理療法の発

展に寄与しないことがわかってきたことになる。近年注目されつつあるプロセス・ベースト・セラピーという介入法も，個々の心理障害の症状の違いよりも，心理的問題の基底にある共通の病理的プロセスに注目している。

　エビデンス・ベースト・アプローチでは，どんな介入をどんな順序で行うべきかということが具体的に明記された介入マニュアルを，できるだけ忠実に再現することが奨励されてきた。またそうすることが，これらの介入で効果をあげるために必要だと考えられていた。しかしながら，効果研究の知見によると，そのような「忠実性」は必ずしも，症状の改善などの治療的効果を高めるわけではない。むしろ，クライエントの個別性に配慮し，その場において最適な反応を柔軟にとっていくことが，心理療法の効果と関連しているという研究知見もある。

　このように科学的とされてきたエビデンス・ベースト・アプローチの考え方でさえ，不十分であることが示され，新たな考え方に取って代わられることは，ある意味で，科学的研究が心理療法において機能しつつあることの表れであり，エビデンスという考えが根付きつつある証左とも言えるだろう。

　エビデンス・ベースト・アプローチの基礎となる効果研究は，これらの単一アプローチに一定の効果があることを示したが，同時に限界についても浮き彫りにした。多くのエビデンス・ベースト・アプローチの成功率は，おおよそ60％である。これは，統計的に有意な差だけではなく，より厳密な指標により示される，臨床的にみて十分な変化・改善を遂げたと判断される変化率である。約25％のクライエントは臨床的にみて有意な変化が起こらず，残りの5〜10％は，有意な悪化をみせる。さらに効果の算出に入らない，途中で心理療法をやめてしまうドロップアウトも少なからず存在する。効果研究によれば，このような比率はあまり変わらないことから，一般的に知られている認知行動療法に一定の効果があるものの，それでは超えることができない領域があることも明らかになった。本書がターゲットとするのも，この認知行動療法に乗らない人たちの支援である。そして，それは，心理療法界において起こりつつある進行形の発展のひとつとも言えるだろう。

　著者の工藤由佳氏は，本書に示される支援策を「相談者の信じる力を育む

技術」と表現している。もともと認知行動療法の基本的な治療目標は認知の
ゆがみを修整することであったから，「信じる力を育む」というのは，かな
り大きな発想のシフトである。まさに，さきほど紹介した効果研究で明らか
になった，成果を挙げない40%の人たちやその40%にも入らないドロップ
アウトした人たち，つまり認知行動療法に乗らない人たちが必要としている
ことに焦点が当てられている。第三世代の行動療法と言われているアプロー
チは，それまでの認知行動療法が，行動と認知に働きかけて「変容」を推進
していたところから，現状が何であれ，それを受け入れる「受容」を加えた。
それは，特にマインドフルネスに対する着目として現れた。さらに，パーソ
ナリティ障害やより困難で慢性的な問題を対象とするスキーマ療法ならびに
弁証法行動療法では，セラピストとの関わりに焦点が当たっており，認知の
修正よりも，承認や再養育といった関係的介入が重要な役割をもっている。
本書のアプローチは，はっきりとアタッチメントという概念を打ち出し，関
係性の問題に向き合っている。この「信じる」というとてもシンプルであり
ながら，ずっしりと重みがある表現に，アタッチメントと認知行動療法の交
差を見ることができる。

　どんなに正しいことを知っている専門家であれ，クライエントがその人に
対して安心して「頼る」ことができなければ，いかに素晴らしい「知識」も「ス
キル」も役に立たない。心理援助において，ラポールを形成することは必然
であり，それは，援助者も被援助者も望んでいることである。しかし，クラ
イエントが受けてきた心理的傷つきの性質から，ラポールを作ること自体が
困難なケースは少なくない。その場合，どんなに効果的とされる介入法であっ
ても，チェーンが外れた自転車のようにただ空回りしてしまう。だからこそ，
ラポールを作る力を培うという基盤的作業が必要となってくる。ここに本書
に示されたアプローチの意義が示されている。著者は，エピステミック・ト
ラストを作るという視点を組み入れている。情報を鵜呑みにするのではなく，
それを吟味して取り入れる力を育むという作業は，とても有用であろう。こ
れはアタッチメント的視点でありながら，もう一方でメタ認知的作業でもあ
る。このアタッチメントの視点と認知行動療法的作業を組み合わせることが，

本アプローチの統合の要となっている。「支援者は相談者にとって安心して心の内を打ち明けられるアタッチメント対象となって安全基地を提供します」という方針は，おそらくすべての心理療法において必要とされるが，特にアタッチメントの問題を抱えているクライエントにとっては，第一の治療目標となるだろう。

## 二人称の認知行動療法

　治療関係におけるセラピストの中立性という概念については，さまざまな議論がなされてきた。ところが，セラピストが中立的であろうとする姿勢は，クライエントには中立的と感じられず，むしろ「冷ややか」であり，クライエントの気持ちに対して「無関心」に映るということが，クライエントの主観的体験に焦点を当てたさまざまな研究から指摘されている。セラピストの人間味や自然なあたたかさは，効果的な治療関係の必須要素であり，効果研究とメタ分析によって明確に支持されていることでもある。認知行動療法のセラピストは，これまで客観的な観察者であり，冷静に正確に物事を捉えようとする認知と行動のスキルのエキスパートというイメージが強かった。一方，本書ではそのようなイメージを一掃するような臨床家像が描かれる。それは，個人の尊厳を守る存在であり，クライエントの認知的ゆがみに接近するために，共感的な働きかけを利用するだけでなく，クライエントと「共に」あり，深い喜びも悲しみも一緒に分かち合う一人の他者というイメージだ。さらに，その一人の他者は，密室のなかの二者関係のなかでだけ感じられる限定的な存在ではない。セラピストにとって安全な場所である面接室を越えて，クライエントとの施設内（病院，その他臨床機関）での接触でも一貫して示される。そして，一人の信頼できる存在として，クライエントに感じてもらうということが求められる。クライエントを過去に傷つけた，または現在も傷つけている家族や重要な他者と向き合い，クライエントの痛みや権利も代弁し，徹底的にクライエントを守り，一人の人間としてのクライエントを認め，守り，肯定する――いわば心理のエキスパートという役割を越えた存在である。

　弁証法的行動療法は，境界性パーソナリティ障害に対する第三世代の行動

療法として注目されてきた。境界性パーソナリティ障害のクライエントに対しては何よりも「境界」を明確に作ることが重要であるという従来の考え方に真っ向からぶつかるような実践が弁証法的行動療法には組み込まれている。それは，いつどんなときでも，自傷をはじめ，薬物乱用から，「ミニクライシス」があるときまで，いつでもセラピストに連絡して良いと伝え，また，セラピストは感情的な距離をとろうとせず，一人の人間として自然に関わろうとする。面接の外と中の隔てがなく関わることは，おそらく多くの臨床家にとってたやすいことではないだろう。このような壁を作ることによって面接のなかでの感情表出やコミュニケーションが豊かになることを確保するという考え方にあまりにも慣れているからだ。その点，弁証法的行動療法のエッセンスを本書のアプローチは受け継いでいる。

　本書のアプローチでもうひとつ特徴的なのは，家族やパートナーを面接に呼んで，クライエントに対して与えた傷について認めさせようとすることである。これは，一般的な認知行動療法とはかなり異なる「関わり」である。しかし，トラウマをかかえるクライエントとの作業ではとても重要である。クライエントの人権のアドボケイト・代弁者になり，「それはあってはならないことなんだ」「それは相手を傷つけることになる」と，その人の権利を主張し，痛みを代弁して表すことによってはじめて，深いところにある「自分が悪いから」という中核的な自己観に到達することができる。あるクライエントは自分のことをはっきりとセラピストが擁護したとき「背中に電気が走りました」とその感覚を話した。この身体的な衝撃は，まさにセラピストの関わりが，知的な理解を超えて，クライエントに届いたことを示していると言えるのではないだろうか。

　本書は，境界についても重要な視点を与えてくれる。心理療法における境界について論じられるとき，多くは，クライエントがボーダーライン・パーソナリティの傾向をもち，セラピストの専門家としての自己が脅かされたり，揺さぶられたりするような状況が挙げられる。面接に遅れてやってきたり，ドタキャンをしたりと，面接の枠がぐらつく。または，個人的な質問を繰り返してきたり，面接外の接触を求めてきたり，さらに投影的同一視と呼ばれ

るように，知らず知らずのうちに，クライエント自身のなかにある耐えがたい感情がセラピストに託され，つかみどころがないような違和感を覚えたりする。これらは，すべてクライエントがセラピストの境界を越えてくるような行為とみなされる。だが本書では，このようなよくある境界についての考え方とは大きく異なり，クライエントの境界に敬意を払い，それを最大限に尊重するだけでなく，それを作ることを手伝うという尊厳教育を提案している。これは境界に関する大きなパラダイムシフトである。

　加速化体験力動療法（Accelerated Experiential Dynamic Psychotherapy：AEDP）の実践者であるSueAnne Pilieroは，獰猛な愛（fierce love）という概念を提示した。「獰猛」と「愛」というなんともミスマッチな二単語が組み合わさっていて滑稽さがあるが，臨床的にみて尊厳教育とその考え方は一致している。クライエントが虐待やネグレクトに遭い，自分が無価値であり，他者に利用されたり，ひどく扱われても，「仕方ない」「自分のような人間はそんなふうに扱われても当たり前」と感じているとき，セラピストが獰猛なほどしっかりと，断固としてクライエントのことを守り，クライエントがもっと適切で，必要な愛情を得ることを強く主張し，訴えるのだ。さらに，クライエントに代わって養育者に対してはっきりと抗議して，「それはおかしい」「間違っている」と伝える。私は，このような「獰猛な愛」というものが，いかに大切なのかを，実際の面接で痛感することがあった。幼少期から思春期まで父親による暴力や心理的虐待に苦しんできたある女性は，自分がとても苦しんでいて精神的に瀕死の状態にあり，さらに孤独さのうえに強まる恐怖に圧倒されているときのことを想像して，そのときの苦しさに向き合っていた。そんなとき，彼女は，しばらく前に交際していた「彼氏」にそばにいてほしい，「母熊のように周囲の人たちを威嚇して私を守ってくれる」からだと話した。相談者の「信頼する力」を育てるためには，「獰猛な愛」によって援助者がその力と意志があることを実感できなければならないだろう。そして，その援助者の「獰猛な愛」は，クライエントのなかに統合され，アサーション力として，自ら自分の権利の境界をしっかりと引き，相手に示せるようになることで活きたリソースとなるはずである。

## 今後の発展に向けて

　本書には7名のクライエントが登場し，それぞれのアタッチメントの問題が著者とのあいだで扱われていく様子が伝わってくる。平易なやりとりのなかに，クライエントのエピステミック・トラストの変化が際立って伝わってくる。このような関わりによってクライエントが根源的な不安感と人間不信から脱出できるとすれば，その意義は計り知れない。特に，専門的な訓練を受けている心理士だけでなく，医療従事者全般も修得して効果的に実践できるのであればさらに波及効果が高まる。そのためには，さまざまな資格をもった医療従事者が本アプローチを実践し，その効果が検討できると良いだろう。

　心理療法研究者としての私の関心は，本アプローチとその他のアタッチメントを重視したアプローチの違いにある。著者は，感情に焦点を当てたエモーション・フォーカスト・セラピーや加速化体験力動療法などの実践と研究に携わってきた。これらのアプローチにおいても「アタッチメント」に対する着目がある。これらのアタッチメントへの働きかけと本書のアプローチにどのような効果の違いがあるのか好奇心をそそられる。

　さらに，本アプローチがうまくいかないクライエントや治療的状況についても今後の検証が必要となるだろう。アプローチをさらに改善し，その効果と適応を高めるために必要なのは失敗の分析である。アタッチメントに注意を向けるも，かなり時間をかけても改善が見られないケース，なんらかのアタッチメントの「亀裂」からドロップアウトが起こってしまうケース，セラピストがクライエントの人間不信に耐えられなくなってしまうケース，なども あるかもしれない。これらの困難な状況を分析していくことによって，本アプローチはさらに実効性を高めるはずである。

　臨床家として，そして研究者としての著者の今後の発展がとても楽しみであり，本書が新たな時代を切り拓くことを祈っている。

岩壁　茂

# はじめに

　ある日，髪をピンクに染めた若い女性が，面接室に入ってきました。これまで認知行動療法を受けても効果が不十分だった方です。彼女は，同僚に無表情な人がいると怖くなり，自分の考えが偏っているのはわかっているけれど，どうしても考え方を変えられないと言います。また，母親や姉にしばしば非難されて辛いので，自分の受け止め方を変えるだけではなく，母親や姉にも自分を理解してほしいと思っているそうです。

　彼女の父親はアルコール依存症で，彼女の姉と母親に身体的・性的暴力を繰り返していた人でした。母親は働かない夫の分も昼夜働かなければならず，いつもイライラしていたと言います。彼女の考え方が，養育環境の影響を大きく受けていることは，疑いようもありません。

　彼女のように，変わった方が良いと感じながらも極度に変化を恐れ，その恐れも自覚すらせず，その結果考えが固いという印象を支援者に与える人をどう理解し，どう支援すれば良いでしょうか。

＊

　愛着トラウマは，虐待やネグレクトなど，不適切な養育環境が理由で，幼少期に十分な発達課題を遂げられなかった状態とされています。発達課題の定義はさまざまですが，Erik Erikson が定義した「世界は信じることができるか」という信頼の課題が最も有名です。そして現在では，実に多くの精神疾患を持つ相談者が愛着トラウマを抱え，自己と他者を信じられないことがわかっています。

　こうした人は自分の考えや感情に自信が持てず，他者を信じられずにコミュ

ニケーションを回避します。そして自分の弱点を認めたり，他人と考えが違っても自分の考えを尊重するように変わるのは，実にハードルが高いものです。心理療法を受けて変化するには，その準備として自己と他者への信頼を培うことが不可欠です。

　これから，愛着トラウマを癒すための心のケアに携わる支援者（セラピスト・医療従事者）によるアプローチの実際を示します。それは相談者の信じる力を育む技術です。支援者は，相談者にとって安心して心の内を打ち明けられるアタッチメント対象となって安全基地を提供します。信じる力を十分に育んでこなかった相談者と信頼関係を構築する方法は，言語化するのが困難であり，これまで暗黙知とされてきました。しかし，本書では相談者と信頼関係を築く戦略を体系的に明確に示し，伝達可能にします。

　相談者の信じる力を育むために，まず支援者が相談者を信じることから始めます。それは，相談者が語る世界への跳躍です。つまり，既存のほとんどの心理療法より相談者に半歩近づき，従来の治療関係よりもいっそう強く固い絆を結ぶことを意味します。

　支援者は，相談者の絶対的な味方になります。例えば，弁護士と依頼人の関係を想像してください。弁護士が死力を尽くして依頼人の権利と利益を守ろうとするように，本書における支援者は死力を尽くして相談者の心と境界（バウンダリー）を守ります。支援者は，他の誰かや社会のためではなく，まずは相談者のために尽くす存在なのです。境界と聞くと，例えば「予約の日以外は受診できない」など相談者が遵守すべきルールのことを想起されるかもしれません。しかし，ここでの意味は，一人ひとりが自分の侵されない領域を持つことを指します。つまり，「私に対して，私が嫌なことはしないでほしい」とNoを言う権利のことです。このなかでこそ，相談者が安心して自分にとってのYesを育むことができるようになります。

　一般的に「共感」とは，別々の存在である個人が，ある話題に関して相手の立場に身を置き，感情を理解するものです。一方，これから紹介していくアプローチでは，一般的な共感に加え，あなたにとって大事な人が辛い目に遭わされた時，「私の大事な人に何てことをするんだ」といったあなた自身

の怒りを表明することを推奨します。それは従来の共感を超えたもので，他人事ではなく「**自分事の共感**」と呼んで良いでしょう。一般的な共感と，この自分事の共感のバランスが大事です。

　安全基地を提供する本書のアプローチは，相談者が修正すべき考え方や人間関係の持ち方を見つけるものではありません。それは相談者自身を尊重すること，つまり相談者が感じたことや考えたことが支援者の理解を超えた時，支援者が自分の理解の向こう側を知ろうとする姿勢です。そこで**変わるのは相談者ではなく支援者**です。その姿勢は相談者が主体性・自律性・自己一貫性の感覚を回復するのをサポートします。本書ではそのアプローチを**セキュア・ボンディング**（Secure Bonding）と名付けました。

　支援者は相談者の考えを偏ったものとして捉えるのではなく，自らの理解の枠組みを一度解体します。そして，相談者の文脈であればそのように考えるのも無理はないと，相談者の考え方や感じ方に合わせて再構築する努力をします。さらに相談者の境界を許可なく超えて侵入する他者の行動に関しては，相談者の考え方や感じ方を変えるよりも，**他者に対して断固受け入れられないと支援者が共に伝えます**。これも従来の承認を超えた，**自分事の承認**です。読者の皆さんは，「辛い」と相談者が口にした時に，承認するのは当然と思うかもしれません。ですがその承認は，相談者の辛さを生んだ相手に境界侵害を訴える行動と言えるほど開かれたものでしょうか？　本書が採用する支援者から相談者への承認は，相談室という密室に留まらず社会に開かれており，客観的な物の見方を提供する存在といった静的な支援者のイメージを刷新する動的な経験となるでしょう。以下，特に断りのない限り，本書における共感と承認とは，自分事の共感と承認を意味しています。

# 本書の読み方・使い方

　本書は，愛着トラウマを抱え，自己と他者を信じられないがゆえに，変化を促進する心理療法で変化をすることが困難な相談者へのアプローチです。そのため心理療法を実施しても，なぜかうまくいかないと感じている，心のケアに携わる支援者（心理職，精神科医，ソーシャルワーカー，看護師，作業療法士，ピア・サポーターなど）向けの実践書です。本書の内容は，構造化された心理面接を行うことを前提として記述されており，より効果的に実施するためにはトレーニングが必要です。しかし，実施のための扉は，心理職・心理療法家だけでなく，支援者のどなたにも開かれています。むしろ，心のケアに携わる支援者には欠かせない知識・技術を紹介しています（今後，トレーニングも提供していきますので，あわせてご利用ください）。

　セキュア・ボンディングは，いわゆる変化を促進する心理療法ではなく，変化を促進する心理療法が効果的に働く基盤を提供します。愛着トラウマを抱える方は，信頼関係を構築できないがゆえに，極度に変化を恐れ，変化を促進する心理療法で回復するのは困難です。そのような方が心理療法を受けて変化できるようにするため，支援者と強く固い絆を築くアプローチなのです。そして，支援者が相談者に安全基地を提供することを目指すこのアプローチは，医師が外来で対話をする方法，看護師やソーシャルワーカーが病棟や窓口で患者と関わる方法としても大いに役に立ちます。さらに個人的な生活で，大事な人を支える際にも役に立つでしょう。本書は，心理療法の技術をできる限り多くの支援者に届けようという試みでもあります。資格を持った医療従事者に限らず，広く対人援助を行う方々にもぜひ習得していただき，あなたがいる環境で有効利用していただけることを期待しています。

セキュア・ボンディングでは，支援者であるあなたが，1人の人間として相談者と向き合うことになります。あなたが人生を通して味わってきた，弱さを含めた感情を使って相談者を理解します。これには，自分のなかに起こるさまざまな考えや感情に向き合ってきた支援者の人生経験が必要です。例えば，大事な人を失った時の喪失感，人に嫌われた時の焦燥感や孤独感，あるいは口に出せないようなわがままな感情が自分にも起こることを受け入れている必要があります。それが相談者を真に理解することにつながります。

その上で，支援者は相談者の世界に跳躍して自らの心を開き，湧き上がった感情を率先して表現します。愛着トラウマを持つ相談者は，怒りなどの感情を認識できないか，認識できたとしてもそれを表現して良いのかわからないことが多くあります。支援者は，まるで相談者になったように，そして同時に相談者を大事に思う他者として，心を動かし，湧き上がる感情を表現します。これは，子どもが転んで泣いている時に，同じように痛みを感じる養育者の心の動きと似ています。

また支援者には，相談者が生きる世界で共に戦っていく強さも必要です。相談者の心と境界を守るためには，時には相談者の家族や他者に対して相談者の意思を共に主張していく必要があります。社会に働きかける仕事は，ソーシャルワーカーの仕事だと考える人がいるかもしれません。しかし，本書全体を通じて，ソーシャルワーカーと心理職の壁の意味を問い直すきっかけになると幸いです。

愛着トラウマを抱える方によくあるのは，養育者が常識的な考えに囚われ，そこから逸脱する相談者の考えや感情を認めてもらえなかったという経験です。ですから，支援者はさまざまな既存の考え方から自由である必要があります。そして，特定の家族や集団内での常識に対して，それとは必ずしも一致しない相談者の考えを理解する必要があります。つまり支援者は，日常生活で自明の前提とされている一定の秩序や価値体系を，「本当にそうか」と疑う視点を持っている必要があります。それは哲学的な思考回路と言っても良いかもしれません。そのような視点に立つと，世の中に絶対的なことなどほとんどないと気づかされるはずです。

セキュア・ボンディングの技術を上げるためには，相談者とのやりとりを書き起こし，スーパーヴィジョンを受けることや，プロセスレコードを記録することを推奨します。特にお勧めしたいのは，相談者の同意を取った上で，面接を録音・録画することです。スーパーヴァイザーには，主旨を理解して実施してもらうことが重要です。スーパーヴィジョンは心理療法のスーパーヴィジョンに精通している方に依頼するのが望ましいですが，そのような機会がなければ，支援者同士でスーパーヴィジョンを行うピア・スーパーヴィジョンも有効ですし，支援者自身が録音・録画を見直すことも有効です。

＊

　では，これから本書に登場する 7 人のモデルケースを紹介したいと思います。実際の相談者を参考に描いていますが，いずれも実際の人物を特定されないように改変しています。

## 瑛太さん／20代男性

　大学 4 年生の時にうつ状態となり，自殺しようと思ったものの怖くてできず，大学の先生の勧めで病院を受診された方です。病院の予約時間には来るものの彼からは苦悩が伝わってこず，幼少期からこれまでの対人関係における傷つきについてアセスメントを行っても問題が浮かび上がってきませんでした。他者に自分の考えを話すことに意味があるのかわからないと言い，アタッチメント・スタイルにおける回避的な傾向があると考えられました（アタッチメント・スタイルについては後述します）。

## 美佳さん／20代女性

　9 歳の頃から強迫症状があり，病院に通院されている方です。外出先でトイレに行けないことから生活が制限されています。母親が言う通りに生きてきましたが，母親は機嫌を損ねると急に美佳さんを無視するため，とても不安になるそうです。幼稚園から小学校にかけて教師や同級生の言動に傷つくことが多かったものの，「馨くん」だけは違って見えていたそうです。

### ゆいさん／30代女性

うつと不安の症状がある専業主婦の方です。父親が家族の気持ちを理解してくれない人で，その分母親が大変な思いをして，ゆいさんと兄弟を育ててくれたそうです。ゆいさんは対人関係において「怖い」と感じることが多く，支援者のことも当初は「怖い」と感じていました。アタッチメント・スタイルは不安の傾向が強いようです。

### 大地さん／40代男性

20代の頃から長くうつ状態が続いている方で，イライラと倦怠感があります。いわゆる真面目な良い人という印象のある方で，誰かに頼まれると断れないと言います。現在，付き合っている恋人と共に生活しており，就労継続支援A型の事業所で就労していますが，午後からの出勤になったり，休んでしまったりすることが悩みです。

### 武さん／20代男性

「他者から悪感情を持たれたくない」という強い思いがある方です。人と関わると悪感情を持たれる可能性があるため，できるだけ人と関わりたくないと言います。そう簡単に人を信じることはできないので，本当は病院にも来たくないけれど家族がどうしてもというので仕方なく病院に来ています。武さんは変化のステージでいうと，前熟考期と熟考期の間の前熟考期に近いところにいる方と思われます（変化のステージについては後述します）。

### すみれさん／30代女性

幼少時に母親から心理的虐待を受け，大人になっても母親の態度があまり変わらず，今では離れて生活している方です。真面目に仕事をしていますが，仕事上での対人関係や恋人との関係のなかで感情をコントロールできなくなると，薬を飲み過ぎてしまうことがあります。

**あおいさん／20代女性**

　「はじめに」でも登場した方です。父親が母親と姉に身体的・性的暴力を振るっていました。彼女は19歳で妊娠し出産しましたが，離婚し，子どもは元夫が育てています。幼少時から気分の変調，頭痛，腹痛があります。周囲の人が無口だったり表情が険しかったりすると，恐怖を感じるそうです。

第 I 部

————————

愛着トラウマケアを
理解する

# 第1章

# 愛着トラウマを癒す
# 「3つのセオリー」

　第1章では，はじめに愛着トラウマとは何かを説明したいと思います。精神疾患の診断は，DSM-5（『精神疾患の診断・統計マニュアル』）において，症状を基本として便宜的に分類されています。しかし，その分類では，目の前の相談者（クライエント・患者）にぴったり当てはまらないと感じることも多いのではないでしょうか。

　愛着トラウマという病態を念頭に置くことで，相談者の理解が深まることがあります。ここでは，愛着トラウマを引き起こす養育の形，精神疾患を引き起こす経路について説明します。精神疾患を引き起こす経路については，近年注目されているエピステミック・トラストについても紹介したいと思います。

　そして，愛着トラウマを学ぶ上で欠かせない，3つのセオリーについても説明します。ここでは，その概要を示しておきます。

　1つ目は，John Bowlby が提唱したアタッチメント理論です。Bowlby（2005）は，アタッチメントを「特定の対象との情緒的な結びつきを指し，乳幼児と養育者との情緒的な相互作用を通して形成される，養育者との確固たる絆」としました。そしてそのアタッチメントは，成人してからも社会的行動，対人関係の基礎になるとされています。愛着トラウマを持つ人々は，養育者との確固たる絆を築けなかったことで，成人してから社会的行動，対人関係に多くの支障をきたしています。そのような方々に支援者（セラピスト・医療従事者）との情緒的な相互作用を通して，他者との確固たる絆を提供するのが，後述するセキュア・ボンディングの核心です。

2つ目は，ProchaskaとNorcross（2018）が提唱した行動変容ステージ理論です。これは簡単にいうと，何かを行うための心の準備の理論です。例えばプールで飛び込み台から飛び込む時，心の準備が十分にできていない人を突然突き落としたらどうでしょうか。それはその人にとってただ傷になるだけかもしれません。プールに飛び込むためには，水に少しずつ慣れること，まずは低いところから飛び込んでみるなどの準備が必要です。また，ライフセーバーがいると知らせることも大事です。心理療法において，相談者が心の持ち方を変えられるように援助するためには，その相談者が今どのくらい心の準備ができているかを知ることが欠かせません。そのステージに合わせて必要な準備の手伝いをすることが大切です。

　3つ目は，アサーション権です。アサーション・トレーニングはご存知の方もいると思います。アサーションとは自己主張を意味する言葉であり，アサーション権とは，自分の意見を持っていい，それを発信してもいいという権利のことです。それは，基本的人権において，最も大事なことのひとつです。しかし，愛着トラウマを持った人たちは，その権利を知らずにいます。それは根底にある価値観に関わるため，時間をかけてじっくりと伝えていく必要があります。支援者が相談者に接する時，常に相談者の意見を大事にする姿勢を取り続けて，やっと伝わることなのです。日本では，個人の権利より集団の和を重視する文化があり（中根，1967；Asai et al., 2022），従順であることが歓迎される傾向があります。そのため，多くの人が自分の考えを持ち，それを伝えるといったことに慣れていません。「自他の境界が侵され，自分の尊厳が損なわれる体験をした場合，それは相手に伝えなければいけない」，このことは特に日本において必要な心理教育です。

　最後に愛着トラウマケアの方向性として，サルトジェネシス（Salutogenesis／健康生成論）を紹介したいと思います。これは，従来の医学が採用してきたように病気になる要因を探すのではなく，健康を保持する要因を強化する理論です。それは価値観や人生の目的に焦点を当てる理論です。セキュア・ボンディングでは相談者の話を聞く支援者の関心は，「どこに相談者の偏りや歪みがあるか」ではなく，「自分（支援者）の理解の向こう側にある相談

者の思いは何か」といったところにあります。愛着トラウマを持つ人々は，「あなたが大事だ」という養育者からのメッセージを十分に受け取っておらず，世界を信じられずに変わることを恐れます。セキュア・ボンディングは，あなたが大事だというメッセージを従来の共感と承認を超えた形で伝え，変化を目標とする既存の心理療法が効果を発揮する基盤を提供します。それは言わば実践的サルトジェネシスです。

## 1　愛着トラウマとは何か —— 子ども時代の心の傷

　現在の私たちを形作るものは，一体何でしょうか。私は自分自身や自分の周囲の人々を考えても，これまでに出会った多くの相談者を考えても，子ども時代の体験によるものが非常に大きいと考えています。子どもの頃に経験した悲しみや無力感，満たされない思いを埋めるために，今のさまざまな活動へのモチベーションが形成されていることがしばしばあります。

　意外なことに，子ども時代の心の傷は，成人の心理療法のなかで，これまで十分に扱われてこなかった領域です。それは，人々の記憶は正確ではないことや，その記憶を語ることでさらに歪められる可能性が長く議論されていたことに一因があります。例えば，従来の認知行動療法では，現在の認知・行動に焦点を当てるため，過去の出来事は参考にするものの重点的には扱いません。また精神分析では，相談者が語る過去の出来事はファンタジーであるという可能性に重きを置き，それを事実かどうかは棚置きにされます。たしかに我々の記憶とは不正確であり，支援者の影響で記憶が再形成されてしまうリスクもあります。しかし，Goodman らの報告によると，成人の，幼少時の心の傷に関する記憶は，かなり正確だとわかっています（Goodman et al., 2010）。そして，トラウマを持った人は自分の話を信じてもらえないことで二重に傷ついているとも言われています。多くの心理療法では，出来事の解釈は人それぞれだという前提が強調され，支援者が注目するのはその出来事の真実性よりもそこで生じた感情です。しかしセキュア・ボンディン

グのひとつの要は，支援者が相談者の話を事実としていったんそのまま信じることです。

　別の角度から言うと，子ども時代の心の傷が，心理療法で十分に扱われてこなかった理由は，すでに成人になっている現在の相談者の状態に対して，過度に親を責めることを避ける必要があったからかもしれません。しかし，最近の脳科学，疫学の研究により，多くの精神疾患は，子ども時代の心の傷により発症のリスクが高まることは疑いようがなくなってきました。

　例えば，うつ病相談者のうち約半数は，不適切な養育環境で育っていることが明らかになり（Nelson et al., 2017），不適切な養育で育った人は，従来の治療で回復しない割合が，2倍以上に上ることがわかっています（Nanni et al., 2012）。また，システマテックレビューにおいても，不適切な養育と精神病性障害との関連（Read and Bentall, 2012），双極性障害との関連（Daruy-Filho et al., 2011）が明らかになっており，境界性パーソナリティ障害では，幼少期に親から虐待を受けた人が73％，ネグレクトを受けた人が82％に上ることが報告されています（Ball and Links, 2009 ; Chanen and Kaess, 2012）。

　そのため，相談者が自分自身を深く理解し，どのように変化していけば良いかを考えるために，子ども時代の心の傷をどう扱うかは極めて重要です。本書は，相談者の傷に対して，感情だけでなくエピソードを含めたリアリティに対して支援者が共感し，承認する姿勢を推奨しています。それが自分事の共感であり，承認です。

## 1-1　不適切な養育と児童虐待

　近年，児童虐待による悲惨な報道が後を絶ちません。日本における児童虐待の報告件数は年々増え続けており，児童相談所における児童虐待の対応件数は2020年には20万件を超え，死亡件数も年間50件を超えています。

### 1-1-1　児童虐待の分類

　児童虐待は図1のようなものと定義されています。

| 身体的虐待 | 心理的虐待 |
|---|---|
| 例<br>・叩く<br>・蹴る<br>・物を投げつける<br>・狭いところに閉じ込める | 例<br>・怒鳴りつける<br>・「デブ」と皆の前で言って笑う<br>・脅す |
| 性的虐待 | ネグレクト |
| 例<br>・体を触る<br>・布団に入り込む<br>・ポルノ写真を見せる<br>・いやらしい言葉を掛ける | 例<br>・食事を用意しない<br>・着る洋服を用意しない<br>・話しかけても無視する<br>・家にいない |

図1　児童虐待の分類

## 1-1-2　過干渉・価値観の押し付けと無関心・共感の欠如

　児童虐待は明らかに問題であり，我々が社会をあげて取り組まなければならない課題です。本書で私がさらに取り上げたいのは，通報されるほどではない，不適切な養育です（図2）。不適切な養育について大きく2種類を定義したいと思います。これらは世間でよく見られる養育者の態度です。成人の診療をしていると，幼少時の養育者の養育態度が図2のような状態であることは半数近くに上る印象があります。価値観の押し付けと共感の欠如はしばしば同時に起こります。

　一方，適切な養育とは，養育者が，「子どもが困った時に助けを求められる存在」になることです。言葉で表現すると簡単なようですが，おそらくそれほど簡単ではないでしょう。

| 過干渉・価値観の押し付け | 無関心・共感の欠如 |
|---|---|
| ・子どもがやりたいことをやらせるのではなく，親がやらせたいことを強要する<br>・親の価値観を「常識」と信じ，子どもに従わせる<br>・親が子どもの気持ちより世間体を気にしている<br><br>例<br>・怠ける癖がつかないようにと，風邪を引いていても学校を休ませない<br>・子どものうちはピアノを習った方がいいと信じ，子どもが嫌だと言ってもレッスンに行かせる<br>・勝手に日記を見てアドバイスをしてくる | ・子どもがどんな気持ちで過ごしているかに関心がない<br>・子どもの心を理解できない<br><br>例<br>・「友達にチビって言われた」と言うと，「それは背が低いからだろう」と言う<br>・子どもが悲しい気持ちでいても気がつかない<br>・「今日はどうだった？」などと声をかけることがない<br>・自分の思い通りにならないと，「ほんとうにわがままな子だ」とうんざりする |

図2　2種類の不適切な養育

## 1-1-3　児童虐待・不適切な養育の背景要因

　児童虐待・不適切な養育の背景要因として挙げられるものはいくつかありますが，ここでは3つ取り上げたいと思います。

　はじめに，養育者の他者の心を読む能力の不十分さが挙げられます。他者の心を読む能力が低ければ，養育者が良かれと思ってしてきた育児も，子どもにとって悪影響になっていることがしばしば起こります。Fonagyらは，養育者の他者の心を読む能力が低い場合，子どものアタッチメント・スタイルが非安心型になることを実証し（Fonagy et al., 1991），現在は，Reflective Parenting（Cooper and Redfern, 2015）など，養育者が他者の心を読む能力を上げるためのさまざまな取り組みを提案しています。発達障害など，育てることが困難な子どもへの理解を促進するためには，このような取り組みは

功を奏するでしょう。一方で，他者の心を読む力がもともと低い養育者の場合は，その能力を上げることは簡単ではないかもしれません。

　次に言えるのは，養育者が精神疾患を抱えている場合です。精神疾患を抱えながらしっかりと子育てをされている方も多くいると思います。しかしながら，例えばうつ病でエネルギーがないなかで，子どもに注意を向け続け，困ったことを一緒に乗り越えていくことは非常に困難です。また養育者の不安が強い状態では，子どもの訴えに耳を貸す余裕はないでしょう。もう一方の養育者や祖父母の支えがあれば良いのですが，核家族化が進み，頼る人がいない場合も多くあります。養育者が病気の場合，子どもは自分がケアをしてもらうよりも，自分が養育者のケアをしなければいけなかったかもしれません。「ヤングケアラー」という概念が，厚生労働省からも発表されました。彼らが養育者ではなく自分自身をケアする必要性が注目されるようになっています。

　最後に，無視することができないのは，経済的問題です。日本では，7人に1人，特にひとり親世帯では2人に1人の子どもが貧困家庭で生活しているという深刻な状況です。お金がなければ養育者はとにかく働かなければなりません。家に帰ってきてからもやることは山積みで，精神的にも体力的にも疲労しているはずです。そのようななかで，子どもの好き勝手な振る舞いに寛容でいることが困難であるのは，想像に難くありません。

　このような背景要因を考えると，不適切な養育を予防することには，さまざまな課題があると言わざるを得ません。養育をするのは主に親ですが，その親にもまた抱えている問題があり，不適切な養育を親だけの責任にしても，あまり，あるいは全く意味をなさないのです。私たちは社会全体で不適切な養育の予防に取り組むのと同時に，目の前にいる相談者の傷ついた心を手当てする必要があります。

## 1-2　愛着トラウマが精神疾患を引き起こす3＋1の経路

　不適切な養育は，子どもの脳の成長に影響を与えます。その脳の変化は，辛い環境を生き抜くために必要なものだったのですが，その影響は長らく残

存し，その子どもがのちに精神疾患を発症する原因になります。よく知られているのは扁桃体や海馬の変化であり，他の人は何も思わないようなところで「怖い」と感じたり，悪い記憶が残されやすくなったりします。しかし，幼少期の状況によって変化した脳は，安全な環境にいることでまた変化することができます。私たち支援者が目指すのは，そのような回復への変化です。

　ここでMcCrory（2020）が提唱した，愛着トラウマが精神疾患を引き起こす経路について，紹介したいと思います。1つ目はストレス敏感性，2つ目はストレス連鎖，3つ目は社会的絆の細さです。そして最後にエピステミック・トラストという重要な概念について紹介したいと思います。あおいさんのケースを参考に理解を深めてください。

---

### あおいさんのケース

　あおいさんは匂いや音に敏感であり，育児をしていた時は子どもの泣き声やおむつの交換などでとても辛い思いをしました。また，あおいさんは頭痛がしばしばあり，微熱が続くことも多いのですが，病院に行っても特に身体的な問題はないと言われます。さらに，あおいさんは他の人から何をされても言い返さず，ニコニコしてしまうところがあります。そのせいか，あおいさんの同僚は，あおいさんに多くの頼み事をしてきたり，強い物言いをしたりします。そのせいもあってあおいさんは，ごく限られた人とだけ関わって生活しています。

---

## 1-2-1　ストレス敏感性

　愛着トラウマのある人は，さまざまな刺激に対して敏感な傾向があります。そのため日々生活するなかで経験するちょっとした音や匂い，痛みを人一倍強く感じている可能性があります。あおいさんのように，刺激に対しての敏感さから育児がとてもしんどく感じる人は少なくありません。Highly Sensitive Person（HSP）という言葉が知られるようになりましたが，過度に敏感な性格は，遺伝とともに，不適切な養育からもたらされることが示されてい

| 力の関係 | 一方が支配的になると相手は服従的に，服従的になると相手は支配的になる |
|---|---|
| 距離の関係 | 友好的に接すると相手も友好的に，敵対的に接すると相手も敵対的になる |

図3　対人関係の法則（Kiesler の対人円環）（Wiggins et al., 1989）
[イラスト：川井詩穂]

ます（Chen et al., 2011）。

　このような状態にあると，精神疾患を引き起こすだけでなく，免疫系など身体的にも悪影響を及ぼすことがわかっています（McCrory et al., 2019）。彼らは他の人々と同じことをしていても，辛さは人一倍感じているかもしれません。そのことは彼らの社会生活を制限してしまうことにもなります。

### 1-2-2　ストレス連鎖

　愛着トラウマがある人々は養育環境のなかで相当なストレスを受けています。しかし彼らは養育環境以外でも，辛い体験を経験する割合が高いことがわかっています。例えば，他の人々に比べていじめを受けやすい傾向があります（Goemans et al., 2021）。ストレス連鎖がどうして起こるのかはまだ十分に明らかにされていませんが，さまざまな理由が考えられます。理由のひとつとして挙げられるのは，対人関係の法則（Kiesler の対人円環）です。愛着トラウマがある人は，服従的，従順な（submissive）対人パターンに陥りがちです。しかしその態度は相手を支配的な立場に立たせてしまいます。また相手への不信感から，敵対的にもなりがちであり，敵対的な態度は相手にも友好的でなく敵対的な態度を取らせてしまいます（図3）。

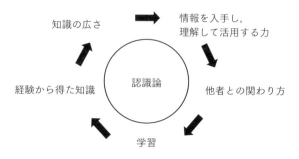

図4　認識論的観点からみたサルトジェネシス（Mittelmark et al., 2022）

　また，困った時に頼れる人がいないことはストレス連鎖の原因になる可能性があります。いじめを受けた時に養育者や先生が親身に話を聞いてくれない状態であれば，ストレスは連鎖してしまうかもしれません。こうしてストレスの数が増えることは精神的問題を引き起こすリスクを高めてしまいます。

### 1-2-3　社会的絆の細さ

　私たちが豊かに生きるためには支えてくれる存在が必要不可欠です。しかし，愛着トラウマを持つ人たちは，人間関係を築き，維持することが困難です。最近の研究では，愛着トラウマを持つ子どもは，他者を信頼しにくくなることがわかっています（Neil et al., 2022）。そのため彼らは人と接すること自体を避け，孤立していることも多いです。孤立していると傷つくことがない代わりに，学習する機会がなくなり，経験から知識を育てることができず，情報を入手し，理解して活用する力が育ちません。その悪循環によりサルトジェネシスから恩恵を受けることができず，健康やウェルビーイングを達成するのが困難になってしまいます（図4）。

　彼らは支援者やセラピストとの関わりにおいても信頼することが困難で，関わりは簡単ではありません。

　社会的な関わりを避けることはうつ病になるリスクを高め，さらにうつ病の転帰においても良くない結果をもたらすことがわかっています（Fernández-Theoduloz et al., 2019)。

## 1-2-4　エピステミック・トラスト──「自らの体験や他者から学ぶ柔軟性」の障害

　エピステミック・トラストとは，もともとは社会学や哲学の分野で使われた言葉で，認識論的信頼と訳されています。コミュニケーションにおける信頼のことであり，他者から聞いた知識や周囲の状況について，心を開き，よく考える能力です。

　近年，心理学の分野で使われるようになり，Fonagy らは，エピステミック・トラストの力により，人は環境に対してオープンになり，新しい知識や情報を取り入れるのではないかと提案しました。**エピステミック・トラストの概念は，単に何でも信じてしまうというものではなく，情報についてどのくらい信用できるものなのかを吟味する能力です**（Fonagy et al., 2017）。

　乳児は，養育者が自分の心に反応しているとわかった時，周囲の環境に対してオープンになり，そこから学ぶ力，つまりエピステミック・トラストを育むことがわかっています。そして，養育者の表情や反応を見て，自分の感情を知り，学んでいくと言われています。愛着トラウマを持つ人たちは，幼少時にエピステミック・トラストを十分に育てておらず，それが精神疾患への脆弱性につながり，さらに難治になる原因と言われています。Fonagy らは，あらゆる精神疾患の，少なくともパーソナリティ障害の根本にあるのは，エピステミック・トラストの障害と考えられると言います（Fonagy et al., 2015）。パーソンセンタード・アプローチを提案したRogers も，認知行動療法を開発したBeck も，精神分析で著名な MacWilliams や Kernberg も，精神療法を阻むものとして挙げるのが "Rigidity"（固さ）です。それはエピステミック・トラストの障害としても説明できます。

　エピステミック・トラストに関しては，15項目からなる自記式評価尺度である Epistemic Trust, Mistrust and Credulity Quesetionnaire（ETMCQ）が開発されています（Campbell et al., 2021）。名前からもわかるように，信頼，不信，軽信が評価されます。

不信は，人が情報を入手するときの用心深さ（Vigilant）であり，エピステミック・ヴィジラントと呼ばれます。人間は生来，情報を疑うようにできており，幼少時に適切にエピステミック・トラストを育めなかった人が援助者との関わりのなかで回復するためには，エピステミック・ヴィジラントを和らげ，エピステミック・トラストを育むことが必要不可欠です。そして，エピステミック・トラストを育むためには，支援者は相談者に，相談者の心に反応していることを示す必要があります。

　このようなことから，Fonagyらが開発し発展させたメンタライズド・ベイスト・トリートメントでは，エピステミック・トラストを育むことを治療の目標とし，相談者にとって合点が行くように病気について説明すること，相談者が気になっていることに一緒に関心を向けることを重視しています。そして，支援者は相談者の立場に立ち，相談者が表現する感情に共感し承認するだけでなく，感情を表現できない相談者には，「もし私があなただったら怒りを感じます」といった形で相談者の立場に立つと支援者が覚える感情を表現します。

　私は，支援者の表情や反応から相談者が自分に湧き上がっている感情を知り，学べるようにすることは，とても大事だと考えています。愛着トラウマを持つ相談者は，自分が何を感じているのかわからなかったり，わかったとしても，それをどう表現したら良いのかわからなかったりすることが往々にしてあるためです。そのため，セキュア・ボンディングでも支援者が感情を表現することを重視しています。ただし，セキュア・ボンディングでは，支援者は「私の大事な人に対して何をするんだ」と実際に腹を立て，「それは腹立たしいですね」と自分事として自らの感情を表現することになります。これについては第2章で詳しく述べたいと思います。

　不信，用心深さと共に重要な因子は，「軽信」です。それは他者から言われたさまざまな言葉を真に受けることとも言えます。エピステミック・トラストは，自己の経験や他者からの情報を「吟味して」取り入れる能力ですが，軽信は「吟味せずに」取り入れてしまう傾向を指します。誰かから言われたことを実践しているだけでは，自信をつけることができず，自らがしたこと

に対する責任を取ることもできません。さらに問題になるのは，言葉によって侮辱された時，それを相手の問題だと思えず，真に受けすぎてしまうことです。相手を信じすぎないようにするためには，自らの信念を持つことが大事であり，そのためには適切なエピステミック・トラストが必要です。


## 2 　愛着トラウマを癒すセオリー1 ── アタッチメント理論

### 2-1 　安全基地 ── 困った時の拠り所

　ある危機的状況に接し，恐れや不安を強く感じた時に，特定の人物へ近づくことによって安全の感覚を得ようとすることをアタッチメントといいます（Bowlby, 2005）。その安全の感覚を得られる人物，すなわち身体的にも情緒的にも糧を得ることができ，疲労困憊している時には慰めが得られ，怖がっている時には安心が得られる人がいる場所を安全基地と呼びます。その安全基地があるからこそ，人は冒険することができ，さまざまな課題に立ち向かうことができるのです（図5）。

　養育者が子どもの安全基地になるためには，できる限り子どもがやりたいことに挑戦できるよう見守り，子どもが必要としている時には十分に受け止めることが重要です。

　しかし，愛着トラウマを持つ相談者の多くは，安全基地を持っていません。安全基地を持っている人は，遠くまで，長い時間，一人で出かけられます。安全基地を持たない相談者にとって，現在の状態から変化することは非常に難しいことがわかっています（Bowlby, 2005）。なぜならば，相談者の認知や行動のパターンは，過酷な養育環境を生きるために身につけた手段である場合があるからです（Guidano and Liotti, 1983）。

　精神疾患からの回復のためには，アタッチメント対象，つまり安全基地が重要です。例えば，利用可能なアタッチメント対象者がいない場合はうつ病の発症の危険性が高まります（Bifulco, 2008）。一方で，少なくとも1名の利用可能なアタッチメント対象者がいれば，その人が保護要因となり，ストレ

<figcaption>図5　安心感の輪（Marvin et al., 2002；北川，2013）［イラスト：川井詩穂］</figcaption>

スに直面した子どもがさらなる症状を形成することを防ぐことがわかっています（Zigler, 2000）。

## 2-2　アタッチメント・スタイル――他者に頼りすぎる／他者を信用できない

　アタッチメント・スタイルとは，他者との関わり方のことです。大きく分けると，①困ったときに頼りにできる人，つまりアタッチメント対象がどれだけいるかということ，②概してどのように他者と関わっているかということです。

　アタッチメント対象は，安心アタッチメント人物・スタイル質問紙（the Secure Attachment Figure and Style Questionnaire：SAFS）では，表1のよ

**表1　安心アタッチメント人物・スタイル質問紙（SAFS）**

アタッチメント対象とは①～⑥の全てに当てはまる人である

①私はその人に月に一度以上は会って個人的な話をしている
　（遠いなど事情があって会えない場合は，月に一度以上，電話やSNSで気持ちも含めて個人的な話をしている）

②私は，自分にとって大変な出来事（不安，苦しい，辛い，怖い，どうしていいかわからない）が起きた時は，その人に自分の心の底にある気持ちも含めて打ち明けて話す

③私にとって大変な出来事や問題と，それについての気持ちを打ち明けると，その人はいつも私の身になってよく聞いてくれる

④私にとって大変な出来事や問題をその人に打ち明けると，その人は必ず私を慰めてくれたり，励ましてくれたりするなど，安心させてくれ，支えてくれる

⑤その人がいなくなってしまったら，私は非常に心細いし，寂しいと感じるだろう

⑥私にとってその人は大切な，かけがえのない人だ

うに定義されています。

　また，概してどのように他者と関わっているかということに関しては，自己と他者への信頼を軸に分類している，Relationship Questionnaire（RQ）の活用を本書では推奨しています（表2）。

　RQでは，自己観・他者観ともにPositiveな状態をSecure（安心型）とし，それ以外をInsecure（非安心型）としています。非安心型のなかでは，他者観がNegativeで，他者との関わりを回避する傾向にある状態を回避型／拒絶型と呼びます。反対に自己観がNegativeで，他者に依存的になる傾向がある状態を不安型／依存型と呼びます。そして，自己観・他者観ともにNegativeで，自信がないため他者に頼りたいけれども，他者も信用できないため他者に頼ることもできず恐怖心が強い状態を恐れ型と呼びます。

　子どもは安全基地を持って育つことによって，安心型のアタッチメント・スタイルを身につけることができると言われています。逆に不適切な養育環境は非安心型のアタッチメント・スタイルをもたらし，精神疾患を引き起こ

表2 Relationship Questionnaire（RQ）におけるアタッチメント・スタイルの
分類（Bartholomew and Horowitz, 1991）

---

**安心型（自己観：Positive，他者観：Positive）**
・自信があり，他者への信頼もある
自由に他者と関わり，自由に自分の意見や感情を表現できる。
自らの体験に関して，俯瞰して見ることができる。親密な友人関係を大切にする。自分を犠牲にすることなく，親しい関係を維持する能力がある。対人関係やそれに関わる問題を議論するとき一貫性があり思慮深い。

**回避型／拒絶型（自己観：Positive，他者観：Negative）**
・他者への信頼が低く，他人よりは自分の方が信頼できる
面接において，多くを語らないのが特徴。助けを求めている感じが伝わってこないことが多い。
人との関わりの重要性を過小評価する。自分自身の感情や対人関係についての語りが乏しい。独立性と自律性を重視する。

**不安型／依存型（自己観：Negative，他者観：Positive）**
・自信がなく，自分よりは他人の方が信頼できる
親から過保護，過干渉を受けている，もしくは親と共依存関係である場合が多いのが特徴。
自ら物事を考えることができず，他者の意見に従っている。そのため一人でいると幸福感を抱けない。対人関係について議論するとき一貫性がなく情動を大げさに表出する。

**恐れ型（自己観：Negative，他者観：Negative）**
・自信も他者への信頼もない
自分で決断することができないが，他人のアドバイスに従うなどして他人を頼ることもできないため，追い詰められている。最も援助が必要だが，援助が非常に難しい。
拒絶されることへの恐怖，自分の非安全感，他者への不信感から親しい関係を回避する。

---

すことが示されています（Widom, 2017）。Fonagy は，子どもが安心型のアタッチメント・スタイルを身につけるためには，養育者が子どもの苦悩に対して，①共感し，②対処すると同時に，③子どもは養育者である自分とは別の心を持った存在として認めることが非常に重要だと述べています（Fonagy et al., 1995）。つまり，いわゆる通報されるような虐待，ネグレクトだけでなく，養育者が子どもを自分とは別の人間であることを認められず，自分の価値観

や考え方を押し付ける形の養育になってしまった結果，子どもが安定したアタッチメント・スタイルを身につけられないことはとても多くあります。養育者は，子どものために良かれと思っているので，それが子どもに悪影響を及ぼしたとは思っていないことがほとんどです。

　私の体験では，回避型／拒絶型の相談者は，自分を語らず，困っている様子もあまり見せません。隠しているというよりは，本人も気づいていないか，気づくことを避けているように見えます。一見，何に困って来談しているのかわかりにくく，どこから話し始めたら良いのかわかりにくい相談者です。不安型／依存型の相談者からは，何か相談者を安心させられるものを求められている感じを受け，それを与えることができないと，こちらが罪悪感を覚えるような印象を持ちます。恐れ型の相談者は明らかに困っている様子なので手を差し伸べようとしても，それを受け取ってもらえず，相談者と同様に援助する側も八方塞がりのような感覚を持つことが多いです。

　RQは優れた質問紙ですが，自記式の質問紙であるため，本人が自覚していること以外を評価することが難しいという問題があります。他覚的な評価も含めて検査するのであれば，Adult Attachment Interview（AAI）（George et al., 1996），Attachment Style Interview（ASI）（Bifulco et al., 2008）が利用できます。なお，上記2つには検査者に資格が必要です。

　なお，アタッチメント・スタイルとは，固定されたものではなく，文脈によって異なるものです。例えば，周囲に対して警戒心が強く普段は回避型／拒絶型のアタッチメント・スタイルを取っている人も，特定の親友のことは信頼しているなどの場合があります。さらに，アタッチメント・スタイルは他者との関わりや出来事によって，安心型にも非安心型にも変化していくものです。あるいは，回避型／拒絶型のアタッチメント・スタイルを取っていた人が誰かと関わりを持ちたいと思った時に葛藤を自覚し，恐れ型を呈するかもしれません。セキュア・ボンディングでは，支援者との関係性によって，相談者のアタッチメント・スタイルが安心型に変化することを目指しています。

　なお，SAFSの定義はあくまで参考です。例えば，実際に月に一度は会わなくても，困った時に頼りにできていればアタッチメント対象になりえます。

## 3　愛着トラウマを癒すセオリー２——行動変容ステージ理論

　行動変容ステージ理論とは，ProchaskaとNorcross（2018）が提唱した，変化するためのモチベーションの程度を6段階に分けたものです。もともとはタバコやお酒，食事への依存に関する多くの研究によって作られました。この6分類は，支援者が相談者の変化に向けて，どのように相談者と関わるかを考えるために非常に重要です。6段階とは，①前熟考期：まだ自分が変化することについて考えてもいない時期，②熟考期：変化することについて考えてはいるが，変化をすることへの不安との間で揺れ動いている時期，③準備期：変化をしようという心の準備ができている時期，④行動期：実際に変化のために行動している時期，⑤維持期：変化したことを維持している時期，⑥終結：もう変化前の状態に戻ることはない状態です。

　相談者の症状がどうであれ，面接の技術がどうであれ，相談者が回復するかどうかは，変化のステージによることが大きいことがわかっています（Miller et al., 1997）。つまり，相談者の変化のステージを正確に判断し，それに合わせた関わりをしながら，相談者の変化のステージを1つでも先に進めることが大事です。

　ProchaskaとNorcrossが作成した表（表3）によると，認知療法，対人関係療法など，実証的データが積み重ねられている心理療法は，自分自身が変化することに対して準備ができている「準備期」の相談者に適用されます（Prochaska and Norcross, 2018）。しかし，多くの相談者は，その段階に至る前の「前熟考期」あるいは「熟考期」にあるため，そのような心理療法を実施してもうまくいかない原因になりえます。なお表3では，精神分析的精神療法が前熟考期の適用とされていますが，異論もあります。

　変化の必要性を十分に認識していない，「前熟考期」の相談者に対して最も大事なことは，支援者が相談者と信頼関係を築くことです。一方，変化の必要性を認識してはいるけれど，変化する恐怖との間で揺れ動いている「熟考期」の相談者に対して最も大事なことは，相談者が変化に関して十分に考

表3　変化のステージと代表的な心理療法
（Prochaska and Norcross（2018）から抜粋）

| 変化の<br>ステージ | 前熟考期 | 熟考期 | 準備期 | 実行期 | 維持期 | 終結 |
|---|---|---|---|---|---|---|
| どのような<br>状態か | 自分が変化する必要性を認識していない（他人や環境のせいにしがち） | 自分が変化する必要性は，ある程度わかっているが，変化したくない気持ちと両価性がある | 自分が変化する必要性を認識し準備ができている | 実際に行動の変化が起こっている | 変化を維持させる時期，まだ元に戻るリスクがある | もう前の状態に戻ることはない時期（実際にはこの状態は稀） |
| 適用される<br>心理療法 | 動機付け面接法<br>精神分析的精神療法 | アドラー心理学<br>交流分析<br>ボーエン派家族療法 | 認知療法<br>対人関係療法 | 行動療法 | | |

セキュア・ボンディング

え，準備し，支援者がそれを援助することです（Miller et al., 1997）。特に，熟考期の相談者が自分自身について，また周囲の人々や社会について再考できるよう援助することは重要です（Proschaska and Norcross, 2018）。

　愛着トラウマを持つ相談者は，新しいことへの変化が容易ではありません。それは，多くのことに恐怖を感じたり，信頼すること自体が難しいからです。以下に，前熟考期および熟考期の相談者の特徴と，関わり方について詳しく述べたいと思います。

## 3-1　前熟考期
　前熟考期の相談者は，自分の周りで起こっていることに自分の心の持ちようや行動が関与していることを認めておらず，周囲の人々や環境のせいだと感じています。そのため相談に来るのも，周囲に促されたり，体の調子が悪かったりといった理由がほとんどです。

前熟考期の相談者は，一見わがままで，周囲に迷惑をかけていることを気にしていないように見えるため，支援者にも助言をしたくなるような感情が湧き起こりがちです。私は臨床を始めた当初，アルコール性肝炎で入院した患者に対して「今後はお酒はやめてくださいね」と言い，「お前はそれでも精神科医か！」と怒鳴られたことがあります。アルコールに依存せざるをえないような背景をよく知らない人間に，さもわかったようなことを言われたくないと思うのは当然のことです。葛藤がないように見える前熟考期の相談者は，おそらくその問題に向き合わないで済むように，内心は必死で戦っているのかもしれません。肝炎にまでなっている状態ですから，お酒を飲まない方が良いことなど，百も承知なのです。

　ですから，前熟考期の相談者には，時間をかけて "この人になら少し話してみてもいい" と思ってもらえるような信頼関係を築くことが大事です。この時期の相談者は，自分に問題があると感じることを避けて，なんとか自分を保っているため，支援者は「また顔を見せてください」と声かけすること以外は，相談者に何かを求めることは控えた方が望ましいでしょう。そのため必ずしも構造化された心理療法が良いとは限らず，相談者が差しつかえないと思えることを行うのが良いでしょう。

　支援者は，少しでも相談者の背景を理解する態度を取り続ける必要があります。ただし，周囲の人々に迷惑をかけてしまっていることに関しては，相談者がそうせざるを得ないことを理解しながらも，どうすれば良いかを相談していきましょう。その時も，支援者が相談者の立場に立っていることは欠かせず，周囲に迷惑をかけないようにと思わせすぎないよう，支援者が気をつける必要があります。


## 武さん／20代男性／一般外来にて

武さん：シャワーを浴びて，石鹸で全部洗っても，まだ汚い気がしてもう一
　　　　度洗っちゃうんですよね。途中で何か物音が聞こえたりすると，ど
　　　　こまで洗ったのかわからなくなって，最初からになっちゃうんです。

支援者：それは大変ですね。

武さん：そうなんです。

支援者：そうすると，どのくらいかかるんですか？

武さん：1時間半か2時間くらいですかね。

支援者：そうなんですね。ご自分でも大変ですか？

武さん：そうですね。すごく疲れます。

支援者：そのような状態に対しては，洗いたい気持ちになっても洗わずに我
　　　　慢するといった治療が効果があることがわかっているのですが，そ
　　　　れをやってみるのは難しいですよね？

武さん：それは絶対に無理ですね。

支援者：そうですよね。

武さん：親から早く出ろとか水道代がかかるとか言われて，嫌ですね。

支援者：確かに，武さんも好きでやってるわけではないですものね。

武さん：そうなんです。シャワーを浴びてる時に声をかけられてしまうと，
　　　　また最初からになってしまうし。

支援者：シャワーを短い時間で浴びないといけないとなると，追い詰められ
　　　　てしまうかもしれませんね。

武さん：そうなんです。どうしたらいいかわからないんです。

支援者：強迫性障害という病気はそのような症状が出るのですが，その病気
　　　　について知りたいというお考えはありますか？

武さん：自分より親が知りたいかもしれないです。

支援者：それでしたら，親御さんに，その病気についてお話ししても良いで
　　　　しょうか？

武さん：いいですよ。

　　支援者はまず，武さんがシャワーを浴びないととても辛い状態になる
ことを理解し，それを親にも伝えようとしています。強迫性障害の治療
としては，少しずつでもシャワーの時間を短くしたり頻度を減らしたり
する行動療法の有効性が認められているため，その説明を本人と家族に

> しつつ，それができるようになるまでは，なんとか生活していけるよう
> サポートすることになります。まずは，武さんとの信頼関係の構築が先
> 決ですから，武さんにプレッシャーをかけすぎないよう気をつける必要
> があります。

### 3-2 熟考期

　熟考期の相談者は，自分自身もなんとかしなければいけないと思ってはいるものの，これまでと違ったやり方を試すことに不安や恐怖を感じており，それほどの価値があるのか十分に納得できていません。例えば，認知行動療法によって適応的な考えを提供しても，「それはそうだとわかっているのですけどね」という返答があるだけで，実際の行動は伴わないことがほとんどです。

　相談者に必要なのは，自分にとって何が必要なのかを吟味し，その価値や変化によって生じるリスクを十分に検討することです。支援者は，その熟考を共に行うことが推奨されます。また，変化したいけれど変化できない葛藤や変化への不安も含めて支援者が理解していることが大事です。この時期の相談者には，構造化された心理療法によって，じっくりと考える場所を作ることが功を奏します。

## 大地さん／40代男性／6回目のセッション
## （現在の人間関係についてのアセスメント）

大地さん：今週は調子が悪くて結構横になっちゃってましたね。

　支援者：そうだったのですね。仕事には行けましたか？

大地さん：やっぱり朝からは行けませんでした。休んじゃまずいと思ったのでお昼からは毎日行ったんですけどね。

　支援者：調子が悪いなか，よく頑張りましたね。

大地さん：なんとか。

支援者：横になっている時はどんな気分なのですか？

大地さん：まぁ，調子が悪い時は横になってるのが一番楽なんですよね。でも，仕事に行きたいのは行きたいんです。

支援者：調子が悪い時に動くのはしんどいですよね。

大地さん：はい。

支援者：仕事に行きたいのはどうしてなのでしょうか？

大地さん：お付き合いしている人に今は負担をかけているので，なんとかしたいし，自分の欲しいものもありますし。

　　支援者は仕事に行くことを当然だと決めつけないことが大事です。相談者が必要と感じ望んでいることではなく，支援者が必要だと思うことに導こうとすると，共同作業を行うことが難しくなります。

支援者：そうなんですね。調子の悪さは，仕事中に大地さんが感じるストレスと関係していそうでしょうか？

大地さん：そうですねぇ……よくわからないですけれど，関係しているのかもしれないです。

支援者：少し一緒に考えてみましょうか。

大地さん：そうですね。

　　支援者は，大地さんには仕事に行きたい気持ちがあるけれども，なかなか実行に移せないことに共感を示しつつ，大地さんが仕事中に感じるストレスについて考えられるよう援助しています。ストレスの要因は，環境にある場合も，大地さんの考え方の特徴にある場合もありますが，どちらも検討していけるよう，支援者は援助していきます。

# 4 愛着トラウマを癒すセオリー3——アサーション権

　アサーションとは英語でAssertion（自己主張）と表記します。アサーション権とは，私たちは自分の考えや意見，欲望や希望を持って良く，それらを表現することが認められているという基本的人権のことを指します。私たちには誰からも尊重され，大切にされる権利があるのです。しかし，愛着トラウマを持つ相談者は，自分にアサーション権があると思えていない人がほとんどです。幼少時に，自己主張をしても無視されたり，自己主張をすると怒鳴られたりしていたことで，自己主張をすることに意味を見出せていません。また，自分に自己主張をする権利があるとも思えていないことが多々あります。しかし，これは自分の大事な領域に他者が侵入するのを守ることでもあります。他者との境界（バウンダリー）を適切に引くことは，安心して生活するために不可欠です。

　アサーション・トレーニングとは，アサーション権を前提に，適切な自己主張を行うトレーニングです。これは愛着トラウマを持つ相談者にぜひ身につけてほしいスキルのひとつです。というのは，愛着トラウマを持つ相談者が「怖い」と感じやすいのは，他人に何か言われたりされたりした時に，自らの意見を言えず，従うか，嫌な思いをさせられたままになってしまうことが一因となっている可能性があるからです。

　アサーション・トレーニングで提示されるのは，次の3つのコミュニケーションのパターンです。

---

非主張型：相手に合わせて自己主張をしない

攻撃型：相手の気持ちを考えずに自己主張をする

アサーティブ型：相手の気持ちも考えて自己主張する

---

　非主張型を続けていると，どんどん気持ちが辛くなっていきます。攻撃型を続けていると，周囲との関係が悪くなってしまいます。非主張型を続け，

図6　服従的・非主張的な対人関係パターン（平木，2009）

突然，攻撃型になるというパターンもよく見られます。アサーティブ型になるための工夫として使われるのは，「○○だ」と断定するのではなく，「私は○○だと思う」と私を主語にする方法です。

　　　例：お店の列に並んでいた時に，割り込んできた場合の反応の仕方
　　　　　　非主張型：仕方がないので黙っている
　　　　　　　攻撃型：イラついて，「横入りするなよ！」と怒鳴る
　　　アサーティブ型：「すみません，並んでます」と言う

　このスキルを習得するのは非常に重要です。しかし他者とのコミュニケーションの方法を学ぶこのトレーニングは，アタッチメント・スタイルとも大きく結びついているため，実践は非常に難しいことを支援者は知っておく必要があります。

　大事なのは，非主張的な対人関係パターンを続けてきた結果，心のなかに満たされない思いが残り，それが蓄積して抑うつ状態に陥るという対人関係パターンに気づいてもらうことです。

　感情を抑圧することは，度が過ぎると精神的な負担が大きくなり，抑うつや不安などにつながるか，感情のコントロールが効かなくなり，怒りを爆発させる状態になることがわかっています（図6）。

　さらに私たちの研究では，自己の内面を人に見せない性格傾向を持った人

はうつ病から回復しにくいこともわかっています（Kudo et al., 2017）。

　日本の文化では，周囲との調和が求められ，必ずしも自己主張が受け入れられるとは限りません（Kitayama et al., 1997）。職場や学校，家庭内で，周囲と異なった意見を主張することによって，脱価値化されたり，排除されたりするリスクがあります。そのため，日本において自分の意見を主張するには，事前に周囲の人に話し理解を得ておくなど，さらに高度な社会的スキルが必要になります。

　しかし，自らの尊厳を傷つけられた場面では，自己主張をしなければ，相手との適切な関係を築くことができません。図6で示したように，服従的・非主張的なコミュニケーション・パターンは相手を支配的にもさせ，その結果，尊厳が傷つけられるという悪循環を招きます。そのため適切な自己主張は極めて重要な課題となります。


## 5　愛着トラウマケアの方向性 ── 実践的サルトジェネシス

　サルトジェネシスとは，健康社会学者である Aaron Antonovsky が提唱した概念です。従来の医学が採用してきたように病気になる要因を探すのではなく，健康を保持する要因を強化するアプローチです。Antonovsky は，1971年にナチス収容所を経験した女性を対象に健康度に関する調査を行い，ナチス収容所という極度のトラウマを過去に経験した人たちのなかにも比較的良好な健康状態を維持している人が存在するという事実から，サルトジェネシスという理論を着想したそうです（Mittelmark et al., 2022）。

　従来の医学が採用してきた，病気になる要因を探す方法（疾病生成志向）は，人が病気であるということや，人の全体的な生活状況や苦痛に目をふさいでしまい，たいていの場合，非人道的であるばかりか，人の健康状態の原因を理解しそこなうことにもつながります（Antonovsky, 1987）。一方で，健康生成志向のサルトジェネシスは，人の「ストーリー」に関心を寄せます。私は精神科領域で長く働くなかで，人のストーリーに目を向けないケアが，

いかに容易に人道的な問題を引き起こすかを目の当たりにしてきました。心の問題を病気としてみるのではなく、人生における苦悩としてみる方向へのパラダイムシフトが求められています。

　サルトジェネシスの基本的な理念として掲げられているのは、人々が持つ首尾一貫感覚（Sense of Coherence）です。首尾一貫感覚とは、①世界が把握可能であり（structured）、②自分にとって処理可能であり（manageable）、③人生に意味がある（meaningful）と思えること、とされています（Eriksson, 2017）。これらは乳幼児期に発達し、仕事や個人的な生活を通して成人前期に完成すると言われます。養育者の反応に一貫性があるほど、乳幼児は世界を把握しやすくなり、養育者から「あなたは私にとって大事だ」というメッセージが伝わるほど、乳幼児は人生に意味を見出します。世界を処理できるという感覚は、自分が持つ資源、すなわち自分自身の力や人脈を同定し利用していく力です。

　愛着トラウマケアで重要なのはいわば、「実践的サルトジェネシス」です。セキュア・ボンディングはサルトジェネシスの考えに根ざしています。

　セキュア・ボンディングは、相談者が自分自身の力や他者という資源を同定し利用できるようにすることで首尾一貫感覚を高めます。そのためにも支援者は相談者に「あなたは私にとって大事だ」というメッセージを出し送り続けます。支援者の視点は、相談者の問題ではなく、相談者の考えや感情を理解できるよう自らの視野を広げることに置かれます。それは、支援者にとってもポジティブな経験になり、支援者がそれまで持っていた視野を広げることで支援者自身の成長にもつながります。

## 1　安全基地を提供する「セキュア・ボンディング」

　愛着トラウマを持つ人々は，幼少時に安心して心の内を打ち明けられる人，つまり安全基地を持たずに育っています。他者への信頼が低く，自信もあまりないため，人間関係を築くことが困難な人がほとんどです。そのため，目の前にいる支援者（セラピスト・医療従事者）を信じ，自分自身の変化に向けて取り組むことができるかというと，難しいことが多いでしょう。そのため本章では，支援者が相談者（クライエント・患者）に安全基地を提供する「セキュア・ボンディング」を紹介します。

　セキュア・ボンディングは，自己や他者を信頼できず変わることを恐れる人に対し，安心して自分の心の内を打ち明けることのできる関係を築き，変化への準備をするための技術です。

　セキュア・ボンディングにおいて支援者は，相談者の尊厳を守る存在になります。相談者の尊厳を守るとは，「相談者の心に敬意を払う」という姿勢，つまり「相談者の尊厳を傷つける行動は断固受け入れない」という姿勢を，相談者の前だけでなく，相談者の家族や友達，同僚などの前でも貫くものです。

　また支援者は，自らの認知の偏りには細心の注意を払いながらも，相談者の認知を偏ったものとしては捉えず，できるだけさまざまな角度から物事を見ることで，相談者の考えや感情を承認できるよう努力します。つまり，支援者が客観的な視点を持っていて相談者がその視点を学ぶという関係ではな

31

図7　安全基地の提供——セキュア・ボンディングのイメージ図
[イラスト：川井詩穂]

く，支援者が相談者の視点をこれまで持っていた自分の視点に加えられるようにするのです。

　そして支援者は，相談者を信じ，相談者と同じ世界に跳躍する仲間になります。相談者の尊厳が他者によって侵害された時，「私の大事な人になんてことをするんだ」と怒るように，相談者と同じように世界を体験する存在でありながら，安定した個人として自らの一貫性を保ち，相談者をケアする存在となります。言い換えると，支援者は中立ではなく，相談者の絶対的な味方になります。弁護士が依頼人の利益と権利のために死力を尽くすのと同様に，支援者は相談者の心と尊厳のために死力を尽くすのです。相談者はそのような支援者との関わりを通して，自信を持ち，信頼に値する他者を信頼する方法を身につけていきます。

　図7は，安全基地を提供する，セキュア・ボンディングのイメージ図です。安全基地であるカウンセリングルームには内と外の中間領域である縁側があり，支援者は縁側に出て，相談者と共に外の世界の人々と関わります。支援

者が相談者を承認する姿勢は，相談者の前だけでなく，外の人々に対しても貫かれます。

　つまり，カウンセリングルームという密室に留まらず，養育者などの他者に働きかけます。そして，相談者が傷やトラウマを負った出来事に決着をつけ，自律性を回復するのを援助します。大事なのは，それを宿題として一人でやってもらうのではなく，支援者が一緒に実施することです。

## 1-1　相談者の尊厳を守る存在 —— 支援者は客観的な観察者ではない

　セキュア・ボンディングは，相談者に起こる現象は支援者との相互作用であると捉える，トゥー・パーソン的介入のひとつです。これまで，支援者は，客観的な観察者であるとされ，観察している現象の外部の視点（ワン・パーソンの視点）が取られてきましたが，1990年頃からトゥー・パーソンの視点も用いられるようになりました（Aron, 1990）。ワン・パーソンの視点とトゥー・パーソンの視点は，心理療法ごとに分かれていることもありますが，支援者によって異なる部分もあります（Wachtel, 2011）。例えば，認知行動療法を実施する支援者が，自分は現象の外部にいて，客観的な観察者であると考えていれば，ワン・パーソン的認知行動療法となります。一方で，認知行動療法を実施する支援者が，面接において起こることを支援者と相談者の間の相互作用であるとみなすのであれば，トゥー・パーソン的認知行動療法となります。

　そもそも支援者は客観的な観察者になることなどできるのでしょうか。我々人間は一人ひとりが自分の心を通して物を見ています。この世界の出来事を完全に客観的に描写できる人などおらず，支援者もまた，自分の心を通して物事を見ているという認識が必要だというのがセキュア・ボンディングの前提です。

　セキュア・ボンディングを実施する支援者の姿勢は，相談者が経験した出来事を聞いて心を動かすほどに相談者に限りなく寄り添いながらも，相手は自分とは別の心を持った人間であることをわきまえた謙虚な態度です。そしてさらに支援者は，相談者の心に徹底して敬意を払います。

図8　相談者の尊厳を守る存在 ［イラスト：川井詩穂］

　例えば，必死に仕事をしてきた相談者が，上司に「使えない奴」と言われたと語った時，支援者は，私の大事な人に何を言うんだという怒りや傷つきを感じています。それと同時に，相談者の尊厳を貶める上司の言葉は受け入れられないと考えています。もちろん支援者は，相談者の話が相談者の捉えた世界であることはわかっています。しかしそんなことを言ってしまえば，この世におけるすべての出来事は誰かが捉えた世界です。また支援者は自分を失うほど怒ったり傷ついたりするわけでもありません。その感情を抱えながらも安定して相談者と向き合える他者となるのです。

　図8は相談者の尊厳を守る存在としてのイメージです。支援者は，相談者の心を軽視する他者に対して寛容ではありません。たとえ相談者が，「自分は傷ついてもいい」と言っていたとしても，支援者はその道徳的立場を貫きます。『心的外傷と回復』の著者であるJudith Hermanは，中立を維持することは加害者に加担することにもなると述べていますが（Herman, 2015），

セキュア・ボンディングはその考えに共鳴しています。多くの愛によって支えられているこの世界では，愛と同じくらい境界侵害が溢れています。人は容易に，相手も心を持った存在として見なくなります。そのような場合，自分に心があることを相手に気づかせなくてはいけません。支援者が境界侵害に立ち向かう姿は，やがて相談者を立ち上がらせ，自らも立ち向かっていくことを後押しします。

## 1-2　共感を超えて，相談者の世界に共にある

　共感（Empathy）とは，相手と同じ靴を履くことだと表現されます。相手の背景を十分に踏まえて，相手の気持ちを想像する作業です。セキュア・ボンディングでは，支援者の心のなかに相談者と同じ気持ちが自然と湧いてくるような，より親身な関わりを行います。支援者は共感を超えて，相談者と「共にある」のです。相談者がたとえ段ボールの箱のなかのような暗闇にいて，支援者がすぐに暗闇から出る方法を提供できなかったとしても，支援者が共にあることで相談者を圧倒的な孤独から救うことができます。そして段ボールから抜け出す方法も，支援者と2人でなら時間をかけて見つけることができるかもしれません。

　支援者は相談者と話しながら，悲しんだり喜んだりして自らの心を動かします。時には涙を流すこともあるかもしれません。

　**ここで表現しているのは，あなたにとって大事な家族や友人がひどいことを言われた時，あなた自身が相手に対して怒りを覚えたり，家族や友人の病気がやっと治った時，あなた自身が深い喜びを味わうような感覚のことです。それは自分事の共感です。**

　たしかに，なかには親身になることが難しい相談者もいます。アタッチメント・スタイルが回避型や恐れ型の相談者はなおのことです。だからこそセキュア・ボンディングではアセスメントを重視しています。家族を招いて話を聞く工夫をするのもそのためです。相談者への理解を深めることで親身な姿勢を育みます。

　そのような支援者の親身な態度によって，相談者は徐々に自信や他者への

信頼を身につけられるようになります。慢性の統合失調症を持つ当事者と共に有限会社である「浦河べてるの家」を立ち上げた向谷地生良は著書のなかで「援助者は姿の見えにくい壁であってはいけない」と記していますが（向谷地，2009），それは，心理療法の場も含めて，援助全般に言えることです。

　精神科看護の分野でも，Peplau や Orlando によるプロセスレコードの開発と発展に伴い，看護師の生きた感情を重要視する理論が広がってきました（宮本，2003）。

　精神科援助でも心理療法でも，ただ感情を表現すればいいのではなく，重要なのは，「相談者の世界に共にあり，相談者と同じように世界を経験する仲間，同志である支援者が感情の表現をする」ということだと私は考えています。

　なお，心を動かすことは，高い arousal の状態とは区別されます。arousal とは，覚醒，自律神経系，内分泌系を仲介する脳の上行網様体賦活系（ARAS）の活性化が関与し，心拍数と血圧の上昇が見られる状態です。高い arousal の状態になると，自分自身に意識が向き，相談者の立場に立つことが困難です。面接中に相談者に対して何らかのネガティブな感情が湧き上がった時，支援者は高い arousal な状態である可能性があります。支援者はこの状態にならないよう，もしそうなった場合は，平静に戻ることができるよう気をつける必要があります。患者の立場に立って心を動かすことができるのは，高い arousal の状態にないからこそです。

## 1-3　承認を超えて，外の世界に共に行く

　相談者が話す他者の行為に対する感じ方は，相談者固有のものであり，時にそれが偏っていることで相談者の苦悩の原因になっている場合があります。また相談者が支援者に伝える話は，支援者が実際に見たわけではないので，本当のところは何が起こっているのかはわかりません。しかし，支援者はまず相談者の話を信じ，相談者の感じたことを承認する必要があります。例えば，「病院の受付に並んでいたのに，受付の人たち同士でずっと話していて，いつまでも声をかけてもらえなかったんです。差別されたように感じました」

と相談者から言われた場合，支援者はその状況や相談者の感じたことを相談者からよく聞いた上で，まず，「確かに，受付で並んでいるのに声をかけてもらえないと無視されたように感じますし，差別されたように感じますよね」と相談者の話を承認します。差別されたように感じたのは，相談者の捉え方の特徴の要素が強かったのかもしれないし，実際に差別的な対応だったのかもしれません。そのどちらなのかは，よくわからないことも多いのではないでしょうか。もし相談者の捉え方の特徴の要因が強いのであれば，ゆくゆくは相談者がその特徴を認識できるようになることは大事です。しかし，相談者の世界では，病院の受付の人の態度が差別的だったのです。ですから支援者は，相談者の捉え方の問題かもしれないことは頭の片隅に置きながらも，病院の受付の人の態度にも問題があったかもしれないと考慮することから始めます。そしてそのような態度を取られて惨めな気持ちになっている相談者の心に思いを馳せ，「差別されたように感じた」ということをもっともだと承認します。そのような支援者の安全な態度こそが，相談者が自分の捉え方の特徴に気づく空間を提供することになるのです。

　また，多くの相談者は他者と異なった自分の意見に自信を持つことが困難です。支配的な養育者に育てられた人は特にその傾向があります。ですが，物事の正解は基本的にはひとつとは限りません。さまざまな意見があっても良いのです。特に相談者が自分で導き出した「他者はこう言うけれど，自分はこう思う」といった意見には承認が必要です。罪悪感を伴う感情や考えにも承認が必要です。相談者の意見を心から承認するためには，支援者は基本的に多くの考え方に寛容でなければなりません。上辺だけの承認はあまり意味を持たないからです。支援者が相談者の意見を承認することによって，多くの場合，相談者は別の考え方もあると思える余裕を持つことができます。

　さらにセキュア・ボンディングでは，支援者は相談者の意見や感情を相談者と共に他者に伝えます。上記の例の場合，必要であれば，相談者と共に受付の人のところに行って事情を聞き，アサーティブに相談者の思いを伝えることもありえます。また，異なる意見を持った養育者に面接に来てもらい，相談者の意見を伝えることもあります。確かにこの世界で誰か一人でも自分

の気持ちに共感し，承認してくれる人がいることで救われるでしょう。しかし相談者は，面接室の外で生きていかなければいけません。**支援者は相談者と二人だけの会話を超えて，養育者や他者という外の世界でも相談者を承認し続けるのです。それは自分事の承認です。**それによって養育者は他者とは別の心を持った自分を認め，自律性（Autonomy）を高めることができます。それはつまり，他者ではなく自分自身で規範を定め，それに沿って行動できるようになるということです。

## 1-4　アタッチメント・スタイルを尊重する

　相談者はこれまで，今あるパターンやスタイルを持って生きてきました。アタッチメント・スタイルとは，ある状況に対するその人なりのコーピングスタイルとも言えます。相談者は，誰かに頼ったり，新しい出来事をできるだけ回避したりすることで，この世界でなんとか生きてきたとも言えます。例えば，私は以前信頼できる人を見つけ，その人の意見に従うというパターンを持って生きていました。今はできる限り，人の意見に従うのではなく自分で考えて決断していますが，誰にも相談できないと思うと不安になります。信頼できる人の意見に従うことは，孤立しなくて済むというメリットもあるのです。

　まず，支援者のあり方として大事なのは，相談者がそのようなパターンを持ってこれまで生きてきたことへの敬意を示すことです。そこには依存や回避といったデメリットもあったかもしれませんが，安心や安全などのメリットもあったのです。相談者に，自分のあり方は否定されないと安心してもらうことが先決です。

　自分の弱点を認められるようになるには，自分がこれまで行ってきたことや今していることに対する自尊心が必要です。相談者はこの世界を生きてきただけで，十分に敬意に値するのです。支援者が相談者のパターンやスタイルを大事にしていると伝わった時，初めて相談者にはより良く生きるために変化していく勇気や意欲が湧くでしょう。

> コラム

## 支援者が疲れない方法

　支援者の仕事は自分の感情を抑制し，操作しなければいけない「感情労働」と言われます。特に看護師の感情労働については，これまで多く議論されています（武井，2006）。しかし，相談者と同じ立場に立てている時，その支援者の素の感情は，相談者を救うものになり，支援者にとっても，疲れではなくエネルギーになります。実際に，表面的なケアを行っている看護師は精神的に疲労しやすく，認知的・感情的に相談者と十分に関わっている看護師は楽しんで相談者との時間を過ごしているとRamosらが報告しています（Carol Ramos, 1992）。皆さんも相談者を理解できるまでは疲れても，理解できるようになるにつれ疲れを感じなくなっているのではないでしょうか。支援者が活動を長く続ける意味でも，相談者を十分に理解して感情を表現することは重要です。

## 2　構　造

### 2-1　相談者が望む生き方をするための心の準備

　セキュア・ボンディングは，変化を促進する心理療法ではなく，自分が望む生き方についてよく考えるための面接です（図9）。現在，心理療法の数は数百にのぼるといわれていますが，それでもなお心理療法がうまくいかない人が多いのも事実です。心理療法で相談者が必要な変化をするためには，支援者という他者を適切に信頼し，自分自身も適切に信じる，すなわち適度な自信が必要です。セキュア・ボンディングでは，適度な他者への信頼と自信を育むことによって，相談者が望む生き方をするための心の準備を援助します。

　変化のステージで説明すると，自分自身の変化の必要性を認識してはいるけれど，変化する恐怖との間で揺れ動いている「熟考期」の相談者が，自分自身が変化することに対して準備ができている「準備期」に，1年で入るの

| | |
|---|---|
| 1回50分／週×52回（1年） | |

（変化への）熟考期　　　準備期　　実行期

セキュア・ボンディング

変化を促進する
心理療法

個人面接　　＋　　適宜，養育者やパートナーが参加

図9　セキュア・ボンディングの構造と変化のステージ

を目標としています。

　1年を目処に，変化を促進する面接，心理療法に切り替えます。同じ支援者が引き続き実施することも可能ですし，別の支援者が実施することも可能です。しかし，終結に関しては，支援者との関係が相談者の安全基地となっていることを踏まえ，フォローアップセッションを設けたり，相談者が必要な時に随時来談できるようにしておくなど，開かれた緩やかな終結を目指すべきでしょう（林，2018）。

## 2-2　対象は誰か？

　セキュア・ボンディングは，もともと，うつ状態が長く続く持続性抑うつ障害の方々を対象に開発されました。病院に通い，**薬物療法や心理療法を実施されても回復せず，苦悩が続いている方々**です。つまり信頼の問題があり，変化を極度に恐れるゆえに，支援者が「固い」と感じ，変化を促進する心理療法で回復が困難な人々です。そのような方々の愛着トラウマに注目して開発されました。

　そのため，セキュア・ボンディングは，愛着トラウマを持つ方に適した面

接です。しかし，明らかな愛着トラウマを持たない人でも，非安心型のアタッチメント・スタイルを持つ方であれば対象となります。愛着トラウマがあったかどうかは，本人が認識していないことも多く，意外と見極めが難しいものです。

セキュア・ボンディングでは，養育体験を話すことになるため，相談者は養育体験を話すことにある程度耐えられる必要があります。また，必要に応じて養育者やパートナーを面接に招くことを説明しておく必要があります。特に親に関しては，本人は親を招くことに同意していても，養育者が来ない場合も想定されます。養育者が面接に来る意思があるかどうかは本人を全体的に理解するために重要な要素となるため，対象かどうかを判断する際に一度確認しておく必要があります。

セキュア・ボンディングは，成年前期の方を主な対象としています。成年前期は，職業の選択と継続を通して，自らのアイデンティティ，社会的役割を問われる時期で，サルトジェネシスにおける首尾一貫感覚の構成要素である「世界は把握可能か，処理可能か，意味があるか」という感覚が作り上げられるため，チャンスに満ちた時期です。

変化のステージが前熟考期の方は，セキュア・ボンディングを構造化した面接として実施するには時期尚早と考えられます。前熟考期の方は，支援者からのプレッシャーができる限り少ない方が継続した支援ができるため，一般外来や病棟での関わりなど緩い構造のなかで，相談者の味方になることを目指すといった形でセキュア・ボンディングを実施することを推奨します。そのため，構造化された面接の対象は熟考期の方です。

病院やクリニックを受診される人は，熟考期の方の割合が大きいです。現在では，対象は持続性抑うつ障害の方に限らないと考えられています。不安障害，統合失調症，パーソナリティ障害の相談者にもセキュア・ボンディングを行うことは可能です。しかし，急性期の精神病症状，解離症状，軽躁症状がある間は開始を控えた方が良いと思われます。

## 2-3　期間と時間

　セキュア・ボンディングの基本構造は，1年間，毎週行うというものになります。

---

1セッション：50分／週1回／1年間（約52回）

---

　セキュア・ボンディングにおける期間や回数などの基本的構造がどのように決定されたかを確認しておきたいと思います。ProchaskaとNorcrossによると，心理療法の期間は，相談者が行動を起こす準備ができていれば6〜12セッションの短期で功を奏します。一方，相談者が変化に対して防衛的なほど心理療法は長引く傾向があり，通常6〜24カ月を要します。現在の対人関係に起因する問題の場合，平均して約12カ月ということです（Prochaska and Norcross, 2018）。

　セキュア・ボンディングの対象になる相談者は，変化への準備ができておらず，現在の対人関係に起因する問題があるため，少なくとも12カ月の期間は必要です。

　ただし，長期の面接は依存を促進し回避的な行動を強化させるという問題があります。

　Howardらの研究では，さまざまな頻度の心理療法を比較したところ，週1回，1年間（52回）の面接が最大の効果を上げたことが報告されています（Howard et al., 1986）。そのためセキュア・ボンディングでは週1回，1年間（52回）という区切りを設けています。ただし夏休みや年末年始などは適宜設定してください。

　実際に，支援者と相談者が信頼関係を築くためには少なくとも週1回の頻度で面接することが重要です。特に開始当初は関係性ができあがっていないため，できる限り週1回の頻度が望ましいでしょう。しかし，どのような形で提供できるかは，支援者の状況によって異なります。例えば，看護師として病棟で相談者と関わる場合は50分も割くわけにはいかないでしょうから，15分程度で行うこともあるでしょうし，ソーシャルワーカーとして相談窓

口で話す場合は，不定期の場合もあります。また心理療法を行うにしても，相談者の状況に応じて，2週に1度や3週に1度のこともあると思います。支援者と相談者が可能な構造で実施してください。

## 2-4　家族の面接の目的・対象・基本ルール

### 目的

　ここでは，家族とは血縁関係だけでなく，広く共に生活する人々，近しい関係にある人々を指します。

　セキュア・ボンディングは，個人面接ですが，養育者やパートナーと共に行うセッションが重要な意味を持っています。養育者やパートナーに会う目的は，大きく分けて3つあります（図9）。

　1つ目は，アタッチメント対象になってもらうことを目指すためです。相談者の気持ちをよく理解してもらい，相談者が今後困ったときに自分の心のうちを打ち明けられる対象になってもらうことを目指します。相談者がこれから頼りにすることができそうな人が対象です。

　2つ目は，アセスメントのためです。相談者のことを支援者および相談者自身がよく理解するために，相談者自身が気づいていないことや覚えていないことなどを話してもらいます。これまでや現在，相談者の近くにいる人たちが対象です。

　3つ目は，相談者が自己主張をするのを助けることによって，他者とは違った心を持った存在として自分を認められるようにするためです。それは相談者の自律性の獲得につながります。これまで養育者に対して服従的・従順に関わってきた相談者の場合は，その養育者が対象になります。また，養育者にも相談者は別の心を持った存在だと認めてもらえることが望ましいですが，養育者の変化が目的ではありません。

　対象は，どの意味で養育者やパートナーに参加してもらうかによって決まってきます。養育者やパートナーだけでなく，兄弟姉妹や親戚，友人なども，それぞれの目的に一致していれば招くことが推奨されます。

**基本ルール**

大事なことは以下です。

---

①家族への敬意を忘れない。

②家族の相談者とのこれまでと現在の関わり方を評価する。

③家族に相談者が思っていることを伝えることで，相談者が他者とは違った心を持った存在として自分を認められるよう援助する。

---

養育者との面接では，養育者自身がどのような生まれ育ちをしたか，相談者をどのように育ててきたかを聞きます。養育者自身がどのような生まれ育ちをしたかは，養育者の養育態度に大きな影響を与えるため，非常に重要です。可能であれば時間をかけて十分に話を聞きます。しかし，それを語ることを拒否する養育者もいるため，無理のない程度に聞きます。養育者について聞くことで，相談者の課題が養育者のせいだという印象を持たれないよう配慮する必要があります。養育者が相談者をどのように育ててきたかは，相談者の話と照らし合わせながらじっくりと話を聞いていきます。相談者が辛かったと語るエピソードについて，養育者はどのように体験したのか，どんなことを考えていたのかを聞けると良いでしょう。かなり複雑な環境の相談者の場合には，複数回のセッションが必要となります。養育者なりにベストを尽くして育児をしてきたことを前提に，養育者に対して敬意を持った対応が重要です。養育者なりに良かれと思って相談者に接してきたことを理解できると良いでしょう。相談者の養育者は，たとえ何があっても，唯一無二の存在です。支援者は相談者に共感しつつ，養育者にも常に敬意を持って接する必要があります。

## 2-5　1セッションの構成

1セッションは次のように構成されます。各セッションは原則として50分です。

①1週間の状態について（自記式評価尺度を用いても良い）
②前回の振り返り
③セッションで話す内容を決める（1週間の状態について，
　差し迫った問題があればそれについて，それがなけれ
　ば前回の続き）　　　　　　　　　　　　　　　　10分程度

④決定した話題に関する話　　　　　　　　　　　　35分程度

⑤セッションの振り返り
⑥必要であれば，次のセッションまでに終えてくる課題
　を決める　　　　　　　　　　　　　　　　　　　5分程度

## 2-6　全体の流れ

　ここで全体の流れのイメージを説明します。週1回1年間（52回）と，その後の半年の例です。詳しい内容は後述します。

　大きく言えば，最初にアセスメントをしながら相談者の理解を支援者が共に深めていきます。相談者への理解を深める作業には養育者やパートナーにも加わってもらうことがあります。その後，目標を設定し，セッションを実践するなかで目標を更新しながら進めていきます。そして，相談者の考えや感じたことに関して，支援者が共感し承認することで相談者の自信を深めていきます。また，思っていることを他者に伝えることを通して，他者を適切に信頼し，他者とどう関わっていったらいいかを考えられるよう援助します。

　この一連の流れのなかで重視されるのが，支援者の安全基地を提供する態度です。

　次に示すのは一例です。相談者の状況に応じて，適宜順番や回数を変更してください。大きく3期に分かれます。

## Ⅰ期　自分を知る（自分の考えや感情を知り，境界線の見当をつける）
第1回〜第2回　　　適用の確認と説明のための面接
第3回〜第4回　　　家族への挨拶と説明

（もし親とパートナーに会う必要があれば2回，親だけ
でよければ1回となります）

第5回〜第6回　　現在の困りごとと相談者の希望の確認

（まずは最初の時点での相談者の困りごとや相談者の希
望を聞く機会を設けます）

第7回〜第10回　　養育環境のアセスメント

（複雑な養育環境を持つ人には十分な回数をかけてアセ
スメントをする必要があります）

第11回〜第13回　　現在の人間関係の持ち方についてのアセスメント

（アセスメントを行いながら相談者が自分自身への理解
を深める治療的アセスメントです）

第14回〜第15回　　相談者をよく知る家族へのアセスメント

（相談者をよく知る家族に来てもらい，まず現在の困り
ごとや，家族が気づいている相談者の特徴を教えてもら
います）

第16回〜第17回　　振り返りと目標設定

（アセスメントが一通り終わった段階で，支援者と相談
者で目標を立てます）


**Ⅱ期　相手に伝える（境界線を引き，安全基地のなかで自律性を育む）**

第18回〜第23回　　心にわだかまりとして残っていることついて

（過去のことから現在のことまで，違和感を覚えたこと，
傷として残っていることを整理し，養育者・パートナー
や他者に伝えたいこと，話したいことを検討します）

第24回〜第28回　　養育者・パートナーを知る

（子どもの頃の心の傷については，その頃，養育者がど
のような状況・思いで過ごしていたのかを聞きます。現
在の養育者やパートナーとの違和感については，養育者
やパートナーが相談者と過ごすなかで感じていることを

聞きます。そうして養育者やパートナーへの理解を深めます）

第29回～第34回　養育者・パートナーや他者に伝える

（相談者が思っていることを支援者と共に伝え，面接に来てもらったり，一緒にメールを書いたり戦略を立てたりします）

第35回～第40回　養育者・パートナーや他者の反応から相手を理解し，その相手とどのように関わるかを考える

（このプロセスは，相談者が心に残っていた傷や悩みに決着をつけ自律性を育むことにつながります）


**Ⅲ期　振り返る（安全基地から次の"冒険"に旅立つ準備）**

第41回～第42回　振り返りと今後の目標設定

（他者に思いを伝える経験を通して，自分自身の目標を立てます）

第43回～第48回　自分自身の目標についての取り組み

第49回～第52回　1年間の終結

（1年で経験したことについて振り返りつつ，あと半年で何が必要なのか目標を立てます）

第52回～（最大第78回まで）

変化に向けた取り組み

（目標を立てたことに取り組んでいきます）


※支援者との関係を振り返るセッションが必要であれば追加します。


## 2-7　アタッチメント・スタイルに応じた面接の適用

　セキュア・ボンディングは，非安心型のアタッチメント・スタイルの方に適用されます。非安心型のアタッチメント・スタイルのうち，それぞれの適用について述べたいと思います。アセスメントにおいて，自ら話そうとしな

い方もいます。どことなく他人事で，話が深まらない，アタッチメント・スタイルでいうと回避型です。そのような人には，家族を呼んで話を聞くことで理解が深まることが多々あります。さらに，期待すること自体を避けている回避型の人たちには，支援者が希望を持ち，支援者との関わりにおいて，他者と話すことで自分自身の気持ちを整理できる，安心できるなどのメリットに相談者が気づけるよう援助することが効果的です。

　また，自分の考えや感情に自信がなく周囲に合わせて生活している，アタッチメント・スタイルが不安型の方にも有効です。セキュア・ボンディングでは，相談者の考えや感情を支援者が十分に理解し，自己主張ができるよう後押しします。また，不安型の方のなかには，成人になってからも養育者からストレスを受け続けている人がいます。不適切な養育を受け，成人してからも養育者と適切な距離や関わりが保てずに悩んでいる人たちには，養育者の特徴や養育者との関係性について見直すことを援助します。

　安全基地を提供し，自律性を身につけることが最も必要なのは，自信がなく，人を頼ることもできない，アタッチメント・スタイルが恐れ型の人です。他者から何らかの解決手段を提案されても，警戒してそれを受け取らないため，支援者にとっても関わるのに辛抱強さが必要です。恐れ型の方は，支配的で自分を受け入れない養育者から離れたいと思いながらも，自立して生きていくことが難しく，八方塞がりになることがしばしばです。そのような状態であることから自殺のリスクも高く，最も援助が必要な人であり，そのような方こそセキュア・ボンディングの適用です。

## 2-8　変化のステージに応じた面接の適用

　セキュア・ボンディングは，変化のステージのなかでも特に熟考期の方に適用されます。しかし前熟考期，準備期においても部分的に利用可能ですので，変化のステージごとの適用について述べたいと思います。前熟考期の方は，面接を受けること自体に同意しない場合が多いかもしれません。何かに取り組んでいくよりは，投げやりになって「取り組んでもダメだ」「死ねばいい」と考えていることがあります。あるいは，問題を他者のせいにする傾向を見

せる人も前熟考期にあると言えます。そのような方々には，日々苦悩しながら生きていることに敬意を表するようなアプローチが必要です。期間を決めた介入は時期尚早となる可能性が高いですが，セキュア・ボンディングにおける支援者の構えは役に立つと思われます。

　熟考期の相談者は，今ある問題が自分の対応するべき課題であることを考え始めている人たちです。問題を感じてはいるものの，変化への恐怖や不安のため，動くことができないでいる人たちでもあります。変化できない理由は，これまでの過酷な生活歴のなかで生き抜くために身につけた認知・行動パターンから抜けられないためかもしれません。そのような人たちに「変化しよう」と促すことは逆効果です。それよりは変化の必要性についてじっくり考えられるよう促すことが優先されます（Miller et al., 1997）。

　準備期・実行期の方は，問題を自分のものとして受け入れ，変化への準備ができている人たち，あるいは実行に移している人たちです。この時期の人にはセキュア・ボンディングを行う必要がないことも多いのですが，安全基地の機能が低下して安全基地の確立が必要となる場面が生じえます。そのような方々にもセキュア・ボンディングは有効です。

## 2-9　「あなたの役に立てるよう力を尽くしたいと思っています」

> 始める前に，相談者に以下のことを説明してください。

面接の内容
- 本面接の特徴は，あなたの心を大事にするということです。そのなかで，あなたが生活する上でお困りのことを一緒に考え，あなたが希望する目標を共に目指します。
- あなたについての理解を深めるために，幼少時のことや，これまで違和感を覚えてきたこと，現在の人間関係の持ち方などを話していただきます。また，ご家族にお話を聞かせていただくこともあります。
- 私は，あなたの考えや感じたことを理解できるよう力を尽くしたいと思っ

ています。そして，私が理解する過程を通して，あなたが自分自身のことを理解できるよう援助します。

- また，あなたが考えていることや感じていることをご家族や身近な人に伝えるお手伝いをし，それによってその方に対する理解も深めていきます。
- あなたと話したことは，口外しません。ご家族にもあなたが許可してくれたこと以外はお話ししませんので，ご安心ください。

## 面接の構造

- 私は，あなたの援助者です。あなたの役に立てるよう，力を尽くしたいと思っています。
- 面接は週に1回，1回50分，1年間行う予定です。1年間終了後は，半年までは状況に応じて適宜セッションを行うことになります。
- 基本的には週1回の面接でお話しできればと思いますが，緊急で必要なことがある場合は，連絡をいただければ可能な範囲でお話しすることもできます。

## 「あなたの役に立てるよう力を尽くしたい」というメッセージに関して

　セキュア・ボンディングは，支援者が相談者の絶対的な味方になります。弁護士が依頼人の権利を守るように，私は他の誰でもなく，あなたの心と境界を大事にし尊厳を守ります，ということを支援者自身の言葉で伝えてください。

## 構造について

　構造は上記の通りですが，本面接は，厳格に構造化された面接に乗ることが難しい相談者を想定しています。そのため，相談者に応じて構造を変更しても良いでしょう。最初のうち，毎週通うことに抵抗があるようでしたら，隔週で始めても良いかもしれません。また，都合が悪い時には，1週飛ばしても構いません。しかし，構造をむやみに変更することはなるべく避けるべきです。

「何か困ったことがあったら連絡をしてください」というメッセージについて

　相談者に安全基地を提供するためには，いつでも利用可能であることが大事です。ただし，連絡をもらっても支援者がすぐに時間を割けるとは限りません。また電話で長く話すことは，たいていの場合，業務に支障を来たします。しかし，回避型や恐れ型のアタッチメント・スタイルを持つ相談者が，誰かを頼って連絡をしてきたら，それはとても大きな進歩なのです。

　そのため，「あまり長くはお話しできないかもしれないし，その時連絡がつくとは限らないですが，必要な時は連絡してください」と伝えておくことはとても大事です。おおよそ，相談者は支援者の立場を理解してくれます。時には早く電話を切ることで「支援者は私を大事に思っていない」と思われる場合もあるかもしれません。その時はそれを題材に話し合えば良いのです。相談者がそのように思うかもしれないという理由で，困った時に連絡を受けないのはナンセンスです。ただし，これも支援者の置かれた状況で対応できるかどうかが異なると思いますので，可能な範囲で行ってください。

## 2-10　家族へのアプローチで面接がうまくいく

> 　治療開始時に，相談者の養育者やパートナーなど，面接に来てもらう可能性がある人に一度来談してもらい，以下のように，面接の説明をします。

- 基本的にはご本人と支援者の一対一の面接ですが，ご家族にも参加していただくことが重要になります。
- 具体的には，ご本人やご家族全体のことを教えていただいたり，ご本人のことをご家族に理解してもらったりするために参加していただきます。
- またご家族が思っていることも，聞かせてもらいたいと思います。
- 基本的には，ご家族とお話しした内容は，ご本人にお伝えすることになります。

家族の協力を得るためにも開始時に一度会っておくのが望ましいでしょう。もし開始時に来ていただくのが難しければ，相談者を通して上記の内容を説明するか，電話などで説明しても良いと思います。あおいさんのケースで，以上のことを振り返っておきましょう。


## あおいさん／20代女性／1回目のセッション
## （適用の確認と説明のための面接）

　　　支援者：面接をさせていただく（支援者の名前）と申します。

あおいさん：よろしくお願いします。

　　　支援者：今日は，本当にあおいさんにとって今回の面接が適切なのかを確認して，面接の説明をさせてもらいたいと思います。

あおいさん：はい。

　　　支援者：あおいさんは面接をご希望だと伺いましたが，面接でどのようなことを希望されていますか？

あおいさん：今，結構辛いのが，家族に自分の気持ちをわかってもらえないことです。面接に家族を呼べると聞いて，自分に合っているんじゃないかと思いました。

　　　支援者：そうなのですね。家族にあおいさんの気持ちをわかってもらえないということは，例えばどのようなことなのでしょうか？

あおいさん：ひとつは，亡くなった父のことです。父は母や姉に暴力を振るっていたので，母や姉は，死んでよかったくらいのことを言うのですが，私は父に愛着もあるのでそれを聞くのが辛くて。あと，私は離婚をしていて，子どももいて，よく考えた上で夫に育ててもらうことにしたんですけど，母と姉は子どもがかわいそうだって言うんです。

　　　支援者：それは2つとも重要な問題ですね。

あおいさん：はい。

　　　支援者：今までにお父さんのことで聞くのが辛いことや，お子さんのこ

ともよく考えた上のことだと伝えたことはありますか？

あおいさん：言ったことはあるんですけど，私も親の前だとイライラしてしまって，冷静に伝えられないんです。親も，私のことを頭がおかしいとか言ってきて，喧嘩になっちゃうんです。

支援者：家族で話し合うのって結構難しいですよね。

あおいさん：はい。

支援者：ご自身のことで，お困りのことはありますか？

あおいさん：職場とかで，何を考えているかわからないような人がいると，すごく怖くなってしまって……気にしないようにしても結構難しくて，そのせいで仕事が続けられないことがあるんです。

支援者：それは大変ですね。

あおいさん：そういうことをできればなんとかしたいと思っています。

> 周囲に変わってもらいたいというだけでなく，自分自身も変化したいという希望が多少はあるかを確認します。それが全くないようなら，構造化された面接の適用から外れる可能性があるため，丁寧に聞いていきます。

支援者：そうなのですね。あおいさんは，これまでにも面接を受けた経験があるとおっしゃっていましたが，それはどんな体験でしたか？

あおいさん：自分は普段，人に話すことができないけれど，面接という場であれば結構話せるので向いてるんじゃないかなとは思ってます。

支援者：そうなのですね。

あおいさん：はい。でも，病院の先生がパソコンを見ていてこっちを見てくれなかったり，話を聞いているのかわからなかったりすると，それも結構怖くなってしまいますね。

支援者：確かに，パソコンばかり見ている支援者には，安心して話ができないですよね。

あおいさん：そうなんです。

　　支援者：今回の面接では，私があおいさんのお話を聞いて，十分に理解できるよう努力します。その過程を通して，あおいさん自身がご自分のことに対する理解を深めていくことがひとつの目的です。

あおいさん：はい。

　　支援者：そして，お母さんやお姉さんなど，あおいさんが理解してほしいと思っている人にもあおいさんへの理解を深めてもらえるように，あおいさんが思っていることを伝え，お母さんやお姉さんのお話を聞くことで，あおいさんもお母さんやお姉さんに対する理解を深めることも目的としています。

あおいさん：はい。

　　支援者：その上で，あおいさんの心を大事にしつつ，これからどういう風に人と関わりながら生活するのが良いかを一緒に考えて，実践することを目指します。

あおいさん：はい。

　　支援者：あおいさんから，聞きたいことなどはありますか？

あおいさん：今のところ大丈夫だと思います。

　　支援者：頻度と期間は，週に1回50分で，1年間行い，その後半年までは，状況に応じて適宜面接を行う形になりますが，それに関してはいかがですか？

あおいさん：大丈夫だと思います。費用はどうなりますか？

　　支援者：1回につき○円になります。大丈夫そうですか？

あおいさん：それなら大丈夫だと思います。

　費用の面で毎週は難しいという相談者もいるでしょう。相談者と支援者の信頼関係の構築のためには毎週が望ましいのですが，隔週でも実施可能です。

支援者：それでは，また次回，お話をさせていただきたいので，あおい
　　　　さんも気になることがあったら聞いてくださいね。

あおいさん：はい。


## あおいさん／20代女性／2回目のセッション
## （適用の確認と説明のための面接／つづき）

支援者：今日は，前回に引き続き，本当にあおいさんにとって今回の面
　　　　接が適切なのかをもう少しだけ確認して，面接の説明をさせて
　　　　もらえればと思います。

あおいさん：はい。

支援者：今回行う面接では，幼少時のことやこれまでの人間関係で悩ん
　　　　だことなどをお話ししていただくことになるのですが，それは
　　　　大丈夫そうですか？

あおいさん：大丈夫です。

支援者：結構大変だった出来事もあったのではないかと思うのですが，
　　　　話していて具合が悪くなったりすることはありそうでしょうか？

あおいさん：話していて具合が悪くなるというのはないと思います。

支援者：それなら良かったです。ですが，話すのが嫌なことは無理に話
　　　　さなくても良いですし，話していて気分が悪いようでしたら途
　　　　中でやめても構わないですからね。

あおいさん：わかりました。

　　この確認は重要です。トラウマ体験を話すことで，フラッシュバック
の頻度が増えるなどのリスクが高い方であれば，本面接の適用外になる
可能性があります。

支援者：あとは，ご家族に面接に来てもらうことになります。その理由
　　　　は3つあって，1つ目は，あおいさんの理解者を増やしたいと

いうこと，2つ目は，あおいさん自身が気がついていないけれど家族は気づいているところを教えてもらうこと，3つ目は，これまであおいさんが言いたくても言えなかったことをご家族に伝えることです。

あおいさん：はい。

　　支援者：前回，お母さんとお姉さんにわかってもらいたいとおっしゃっていましたが，お母さんとお姉さんには来てもらいたいですか？

あおいさん：そうですね。

　　支援者：ほかにも来てもらいたいと思っている人はいますか？

あおいさん：同棲している彼氏にも来てもらいたいです。彼氏は，ほかの人に比べれば気を遣わないで接することができるのですが，それでもわかってもらってないと感じることがあるし，彼氏がどう感じているのかも聞いてみたいです。

　　支援者：わかりました。お母さんとお姉さん，彼氏さんは来てくれそうですかね。

あおいさん：彼氏は病院に一緒に来てくれることもあるので大丈夫だと思います。姉は都合を聞かないとわからないのですが，母も大丈夫じゃないかと思います。

　　来てほしい家族が来られるかわからないという人の場合，支援者が直接電話で連絡して確認することを推奨します。

　　支援者：では，今回の面接を開始して良いのではないかと思うのですが，また進めながら別のアプローチの方が良さそうであれば適宜話し合っていけたらと思います。

あおいさん：わかりました。

　　支援者：今後，私はあおいさんの役に立てるよう，力を尽くしたいと思っています。あおいさんが困っていることに，一緒に取り組んでいきましょう。

> 「あなたの役に立てるよう力を尽くしたい」という思いを伝えるのも
> 大事です。

あおいさん：よろしくお願いします。

　　支援者：次回，お母さんとお姉さん，または彼氏さんと一緒に来られますか？

あおいさん：大丈夫だと思います。

　　支援者：基本的に私は，あおいさんのお話を口外しません。お母さんとお姉さん，彼氏さんにも，あおいさんが話してほしいと思っていることだけを確認しながらお話をしようと思っています。

あおいさん：それは助かります。


1～2回目のセッションで確認していること

• ある程度時間通りに相談者がやってくるか。
• 対話のなかで，支援者がある程度落ち着いて話ができるか。
　（相談者が，支援者の言動に対して偏った受け取り方をする場合，支援者は緊張感を覚えたり，話しづらさを感じたりすることがあります。その程度が強い場合には，その支援者が面接を行うことは難しく，適用の確認の面接の回数を増やしても良いかもしれません）
• 相談者自身が変化していこうという思いが，少しでもあるか。
• トラウマ体験を話すことで過度に動揺を来たさないか。
• 面接中に，解離や活発な幻覚や妄想などの精神病状態，軽躁状態が疑われる状態が見られないか。


## あおいさん／20代女性／3回目のセッション
## （家族への説明と本人への全体の流れの説明）

（母と姉に同席してもらう，あおいさんも同席）

　　支援者：あおいさんの担当になります，（支援者の名前）と申します。

母・姉：よろしくお願いします。

支援者：今回の面接は基本的には私とあおいさんの2人で行うものなの
　　　　ですが，ご家族にも参加していただきます。具体的には，あお
　　　　いさんやご家族全体のことについて教えていただいたり，あと
　　　　はあおいさんのことを理解してもらったりするために参加して
　　　　いただけるとありがたいのですが，いかがでしょうか？

　　母：来られる時は来ようと思います。

　　姉：私たちも妹のことを結構心配していて，だから私も来られる時
　　　　は来たいと思います。

支援者：ありがとうございます。まずはあおいさんから話を聞いて，そ
　　　　の上でお母さんとお姉さんとお話をさせていただきます。あお
　　　　いさんとは毎週1回1年間面接をする予定なのですが，そのな
　　　　かで，お母さんとお姉さんには，来月か再来月あたりに何回か，
　　　　毎週連続ではなくても良いので来ていただくこともあるのです
　　　　が，大丈夫でしょうか？

　　母：私は先に予定を言ってもらえれば来られると思います。

　　姉：うちのこともあるので，その時にもよるのですが，大丈夫です。

支援者：ありがとうございます。場合によっては全体で10回近く来て
　　　　いただくこともありますが，大丈夫ですか？

　　母：必要なら来ますよ。

　　姉：私は何回来られるかわからないのですが，来られる時は来ます。

支援者：ありがとうございます。面接を行うあおいさんとの間では，で
　　　　きる限り隠し事をしたくないので，お母さんやお姉さんとのお
　　　　話は基本的にあおいさんと一緒にお話をするか，もし別に話す
　　　　場合はあおいさんにも後からお伝えすることになります。

母・姉：わかりました。

支援者：あおいさんから何かありますか？

あおいさん：大丈夫です。

支援者：では，この後はあおいさんから少しお話を聞かせてもらいますね。

家族にもできる限り説明をし，理解を得ておくことが大事です。

（母と姉は退席）

　　支援者：お母さんとお姉さん，来てくれるとおっしゃってくれて良かったですね。

あおいさん：良かったです。

　　支援者：次回は彼氏さんと来られそうですか？

あおいさん：はい，来週は仕事が休みだと言っていました。

　　支援者：良かったです。今日から面接を始めていきたいと思いますが，流れとしては，まずあおいさんに，子どもの頃のこと，ご家族のなかでどのように育ってきたか，ご家族とはどんな関係だったかを聞きたいと思います。先日，お父さんからお母さんやお姉さんへの暴力があったとおっしゃっていたと思うので，そのあたりのことも聞かせてください。

あおいさん：はい。

　　支援者：また，子どもの頃から現在までを含めて，いじめや他の人に嫌な思いをさせられたことがあれば教えてください。

あおいさん：はい。

　　支援者：それが今のあおいさんとどのように関係しているのかを一緒に考えていきたいと思います。

あおいさん：はい。

　　支援者：その上で，お母さんたちにも，あおいさんが子どもの頃，それぞれどんなことを体験してきたのか，どんな気持ちでいたのかなどを聞きたいと思います。

あおいさん：確かに私も聞いてみたいです。

　　支援者：それから今のあおいさんと一緒に過ごしているのは彼氏さんですから，彼氏さんとの関わりのなかで，あおいさんが感じていることを話してもらい，その上で彼氏さんにもお話を聞きたいと思います。

あおいさん：それもしていきたいですね。

　　支援者：そして，お母さんやお姉さんのお話を伺った上で，あおいさん
　　　　　　の思っていることを伝えたり，彼氏さんのお話を伺った上で，
　　　　　　あおいさんが思っていることを伝えたりすることができたらと
　　　　　　思います。

あおいさん：そうですね。

　　支援者：あとは面接を進めていくなかで，私とのことで気になることが
　　　　　　あったらいつでも言ってください。それは大事なことですから，
　　　　　　一緒に考えていきたいと思います。

あおいさん：言えるかわからないですけど，やってみます。

　　　安全基地を提供するためには，相談者が自分に対して感じたことも含
　　めて打ち明けてもらう必要があります。「自分（支援者）に関して感じ
　　たことがあれば言ってください」と伝えておくことも大事です。

　　支援者：そうですよね，あおいさんに嫌な思いをさせないように，でき
　　　　　　る限り気をつけたいと思うのですが，それでも至らないところ
　　　　　　があるかもしれないので，言っていただけたらありがたいです。

あおいさん：わかりました。

　　支援者：また，何か困ったことがあって必要な際は，いつでも連絡して
　　　　　　ください。長くお話しすることは難しいのですが，10分程度
　　　　　　であればお話しできると思います。

あおいさん：大丈夫なのですか？

　　支援者：大丈夫ですよ。

（一部略）

　　　できる限り，面接の内容を相談者がわかるように説明することが大事
　　です。

# 第II部

愛着トラウマケアを
実践する

## 第3章
# 相談者に安全基地を提供する
### 中立的な鏡から絶対的な味方へ

## 1　ポイント：愛着トラウマと安全基地の提供

　第1章で示した通り，愛着トラウマを持つ相談者（クライエント・患者）は人と関わる際に恐怖を感じやすく，常に緊張感を持っています。またストレスを感じやすいにもかかわらず，他の人々よりストレスを経験しやすいという問題があります。そのような人に安心できる場を提供することは極めて重要ですが，同時に技術が必要です。その技術のエッセンスは次の3つです。

> • 相談者を信じること
> • 自分事として共感し承認すること
> • 相談者の心と境界を大事にすること

　この章では，相談者と関わる際の基本的な姿勢について述べます。実際の面接は，第4章で解説する「治療的アセスメント」から始めることになります。

## 2　難しいポイントと成功へのヒント

　愛着トラウマを持つ相談者の記憶は，ネガティブなことが鮮明で，そのほかの事柄は曖昧になっています（McCrory et al., 2017）。相談者が話す内容があまりにもリアルで，作り話なのではないか，何か勘違いをしているので

63

はないか，などと感じることもあるかもしれません。しかし，それが本当なのかと疑うことはあまり意味を成しません。今まさに話したことを経験したと思って，現在の相談者は生きているからです。支援者（セラピスト・医療従事者）はその話を真剣に受け止め，相談者を労っていくことが大事です。

　愛着トラウマを持つ相談者は，これまでに自分の考えに共感してもらい，承認される体験が非常に乏しかった可能性があります。そのため自信がないことがしばしばです。そのため支援者は，上辺だけでなく，相談者を心の底から承認することが大事です。そのためには，支援者は世間一般で言われる常識を疑い，相談者が生きてきた背景・文脈であればそう思うかもしれないと想像し続けます。

　愛着トラウマを持つ相談者は，これまでに自分の心を養育者から無視されてきた可能性があります。そして自分の心と向き合っていると辛くなるので，自分でも自分の心を無視していた可能性があります。だからこそ支援者が相談者の心に敬意を払う姿勢を示すことは極めて大事です。その姿勢が土台となって，相談者に自分の心と境界を大事にすることを教育できるのです。

　図10は，セキュア・ボンディングを採用する支援者の構えです。支援者は，相談者の世界にまさに飛び込んでいます。従来，辛さの海に溺れている相談者への共感を表す図として描かれる支援者は，悩みの水に濡れていません。一方，セキュア・ボンディングの支援者は，相談者の世界に飛び込むことで，支援者にとって相談者は大事だと伝え，相談者が回復する可能性や力があると信じていることを伝え，相談者と同じ場所から世界を見ることで，相談者の言っていることを信じる仲間になるのです。支援者は，心理療法に関する多くの先人から得たあらゆる知識や自らの経験によって支えられ，相談者の世界で共に溺れてしまうことはないものの，それでも相談者の世界に飛び込むのは勇気がいるものです。しかしその勇気こそが，相談者が自らの変化の必要性を受け入れるために必要な励ましなのです。

　なお，図10では例としてSigmund Freud, Erik Erikson, Aaron Beckに紐を引っ張ってもらっていますが，Carl Rogersなどその他にも数多くの先人による多くの知見が支援者を支えます。

Sigmund Freud
(1856-1939)

Erik Erikson
(1902-1994)

Aaron Beck
(1921-2021)

支援者
（セラピスト・医療従事者）

相談者
（クライエント・患者）

図10　セキュア・ボンディングを採用する支援者の構え［イラスト：川井詩穂］

## 3　支援者が「味方」になるために

### 3-1　客観性で中立な支援者の覆いをいったん脱いで相談者を信じること

3-1-1　相談者の言っていることを，相談者の世界における真実として信じること

　相談者が表現する出来事は，相談者が感じた世界そのものです。自分の眼の前で起こる出来事を完全に客観的に表現できる人はほとんどいません。何かしらその人の主観が入ってしまいます。従来の心理療法では，相談者の表現した出来事に関して，それが事実とは限らないという姿勢で捉えていました。特に，幼少期の出来事に関しては「空想」とされがちでした。

確かに前述のように，愛着トラウマのある人々は，ネガティブな記憶が特に鮮明に残っている可能性があります。しかし，私たち支援者が重視するのは，相談者が表現する世界を十分に理解して，その世界に相談者と共に入ることです。そのとき，相談者を信じるということが根底にあります。虐待の被害者の訴えで特に多いもののひとつは，自分の言うことを信じてもらえないというものです。支援者は相談者が語った出来事を現実にあったものとして相談者と接し，その出来事に対して共に立ち向かう同志になるのです。

## 美佳さん／20代女性／8回目のセッション（養育環境のアセスメント）

美佳さん：私，兄から性的虐待を受けたことがあるんです。

　支援者：そうなのですか。そのお話は今日した方が良さそうですか？

美佳さん：たぶんしておいた方がいいかと思います。

　支援者：それなら話していただければと思いますが，辛くなったら言ってくださいね。

美佳さん：はい。

　性的被害の話は，話すことでさまざまな記憶が蘇り，調子を崩す相談者がいるため注意が必要ですが，話を聞くのを一方的に拒むと信頼関係を傷つけることもあります。相談者が望むのであれば，慎重に聞いていくと良いでしょう。その話を聞くこともまた，信頼関係の構築につながります。

美佳さん：幼稚園くらいの時のことなんですけど，寝る場所が兄と一緒で，親がいなかったので胸とかを触られたんです。

　支援者：そんなことがあったんですね……2人で寝ていたのですか？

美佳さん：2階に子どもの部屋があって，親は1階にいて来てくれなかったので2人だけでした。

　支援者：そうだったんですね。

美佳さん：私，兄に謝ってもらいたいんです。それから親にも，気が付かなかったことを謝ってもらいたい。

　支援者：それはそうですよね。大事なことだと思うので，その問題についてよく教えてもらって，どうするのが良いか一緒に考えていきたいと思うのですが，どうですか？

美佳さん：はい，取り組んでみたいです。


　幼稚園や小学校低学年の頃の性的被害の話をする相談者は時々います。これまで述べてきたように，トラウマの体験は心に残りやすいものです。とはいえ，記憶というものはさまざまな形で修正されるため，相談者が体験したと思っていることが事実かどうかは誰にもわかりません。しかし，相談者がその体験をしたと思っているのは事実です。支援者は，それが事実かどうかわからないと認識しながらも，相談者の言うことを信じ，どうしても相談者にとって必要であれば，相談者が親や兄と話をすることを援助する姿勢を示すことが重要です。従来の心理療法では，トラウマとなった出来事が事実かどうかは棚置きにして，共感や承認の対象は感情に偏りがちです。セキュア・ボンディングでは，出来事と感情を合わせたリアリティそのものに共感し承認します。それはつまり，必要であれば，兄に対して美佳さんと共に思いを伝える覚悟を持った承認です。

　美佳さんが幼稚園の頃の出来事を性的被害として訴える背景には，親から気にかけられなかった寂しさや，暴力的なものに対して抵抗できなかった悔しさなど，さまざまな感情が絡まっていることが推察されます。しかし，「兄に謝ってもらいたい」という美佳さんの思いを棚上げにして美佳さんの感情だけに焦点を当て続けることは，美佳さんからすると自分の思いを無視されたように感じてしまうかもしれません。兄と話すことについて，まず美佳さんとよく話し合ってみることが重要です。兄は反省し謝ってくれるかもしれませんが，全く受け入れてくれず美佳さんがさらに傷つく可能性もあります。話し合うことでトラウマの記憶が蘇り苦しむことになるかもしれません。それでもなお，美佳さんは兄や親と話し合ってみたいのかを，支援者は共にじっ

くり検討する必要があります。また，支援者には，美佳さんが兄や親と話し合うことで受けるインパクトを共に抱える覚悟が必要です。そのようなことを全て話し合った上で，面接において，美佳さんが支援者と共に，その思いを兄や親に伝えることを実施してください。

### 3-1-2　相談者が今日まで生きてきたことへの敬意

　支援者には，相談者が不適切な養育環境やいじめなどの逆境体験，あるいは長いうつ状態のなか，その日までなんとか生きてきたこと，あるいはさまざまな葛藤があるなか，その日支援者の前に来たことへの敬意や相手への慈しみが必要です。相談者が耐え忍んできた1日1日は，支援者にとっても耐えられるかわからない日々でしょう。そのようななかで生きてきた相談者は，さまざまな傷を負いながらも，そこで育ててきた力を持っているはずです。また支援者のもとに来ているということは，たとえ誰かに勧められたからであっても，回復したいという思いが根底にはあるはずです。

　相談者のどんな言動も，その背景にあるさまざまな理由を想像することが重要です。愛着トラウマを持つ相談者は，これまでの経験から，他者に対して，傷つけられ欺かれるかもしれないと，非常に用心深くなっています。そのことを，支援者は強く認識していなければいけません。たとえそれが問題のあるコミュニケーションの取り方であったとしても，これまでの人生における困難な状況を，なんとか生きるために使ってきた手段であるかもしれないのです。そのことを十分に理解していれば，支援者はどのような相談者の態度に対しても，受容的に接することができます。

### 3-1-3　相談者の可能性や力を信じること

　支援者には，そのような相談者を信頼し，相談者の回復に向けて粘り強く援助する態度が必要です。それは相談者に無理をさせるという意味ではありません。たとえなかなか回復しなくても，時に悪化してしまっても，諦めずに希望を持ち続けることです。それは簡単ではありません。相談者が諦めそうになることもあるかもしれません。その時，支援者が諦めないでいること

によって相談者は支えられます。

## 大地さん／40代男性／24回目のセッション

大地さん：先週までは仕事に行けていたのに，今週はまた休んでしまいました。

支援者：そうだったのですね。どうされたのですか？

大地さん：また前みたいに，朝起きると体がだるくなってしまって……

支援者：そうでしたか。先週までは順調だったのですけどね。

大地さん：そうなんですよね。なんか，がっかりしてしまって。

支援者：せっかく順調だったのでがっかりしますよね。今もちょっとしんどいですか？

大地さん：そうですね。

支援者：そんななか，よく来てくださいましたね。

大地さん：まぁ，面接には来ないと……（苦笑）

支援者：大地さんはこれまでにも良かった時期があったのですから，また必ず良くなると思いますよ。

大地さん：そうですかねぇ。

支援者：こういう時期は大変ですけどね。

大地さん：そうですね。

　　大地さんに対して，支援者はこの後のセッションでも一貫して希望を示し続けます。大地さんの場合は希望を持つことがそれほど難しい例ではありませんが，入院を繰り返すなど，ほかの人は諦めてしまっているような例であっても，本人の心の奥にある諦めたくない気持ちを支援し続けるのが支援者の役割です。精神疾患は往々にして長引くため，相談者本人も支援者も希望を持ちづらくなります。しかし最後の1人になっても相談者の希望を諦めずに信じ続ける態度が，相談者の可能性や力を信じることです。それは，相談者の絶望から目を背けることではありません。相談者の絶望と共に過ごしながら，何とか方法がないか探し続け

る態度です。

## 3-2 自分事としての共感と承認

　愛着トラウマのある相談者は，自分の考えを承認してもらえなかったことを多く経験しています。世の中の事実は，見方によって正しく見えることもあればそう見えないこともあるものです。しかし，親が自分の考えを唯一の常識と考え，子どもが持つ別の考えを認められないことはしばしばあります。大人になったかつての子どもは，それがおかしいと思っていても，なかなか自分の考えに自信を持てずにいることが多いです。そのため，支援者が相談者の考えを十分に理解し大事に扱うことが大きな意味を持ちます。

　相談者は，別の考えもあるかもしれないけれど，あなたの考えはもっともだと伝え（validation），あなたと同じように考える人はいると伝えていくこと（normalization）が重要です。相談者のなかには，別の考えと自分の考えのどちらが普通なのかを気にする人がいますが，多数派が正しいとも限らないと伝えていくことも重要です。

　なお，ここでの共感と承認は，特に断りのない限り，自分事の共感と承認を意味します。

### 3-2-1 人とは違った考えを承認する

　相談者は，他者と意見が異なると自信をなくすことが多いです。これまで自分の意見を出してこなかった相談者は，「自分が間違っているのではないか」という思いが非常に強く，相談者の自信の回復には「あなたの考えはもっともだ」という後押しが欠かせません。

　例えば，母親の言うことに従って生きてきて，自分自身の意見を持つことができなかったゆいさんが，「母親と買い物に行った時に冷凍のハンバーグを買ったら，『ハンバーグくらい手作りしなさいよ』と言われたのですが，私は時間も手間も省けるし冷凍のハンバーグも美味しいからいいと思ったんです」と言った場合，支援者は，「私も，冷凍のハンバーグもいいと思いま

すよ」と伝えます。相談者が他者と違った意見を持っていて、それに自信が持てていない時は、まずは支援者が承認することが大事です。支援者はハンバーグは手作りの方が美味しいと思っているかもしれません。しかしハンバーグを手作りするのは手間がかかり、その時間を考えると冷凍のハンバーグもありだと思う部分もあると思います。そういった気持ちで相談者を承認するのです。そう考えると、ほとんどは相談者の言うことを承認できるはずです。すると、他者と違った意見を持っている時に自信がなくなってしまうことについて、支援者と相談者は共に熟考できるようになります。

　「もし相談者の考えが極端に不合理なものだった場合も承認するのか？」と思われる読者がいるかもしれません。ここで推奨するのは、支援者が理解できない事柄に対して無理に承認することではありません。相談者の考え方に肯定できる部分を見出す努力をすることを推奨しているのです。また安全基地は、危険から守るという機能も持ちます。相談者の考えが危険なものである場合、支援者はそれを伝えることもあるでしょう。ただし、それが過剰でないかを常に検討する必要があります。

### 3-2-2　相談者の感情に共感する／支援者が湧き上がった感情を伝える

　相談者が感情を表現した際は、それに共感することが大事です。しかし愛着トラウマを持つ相談者は、自分の感情を言葉にできないこともしばしばです。そのような時は支援者が、それを聞いてどう思ったかを表現するのが良いでしょう。例えば、相談者が、「同僚に『嘘つき』と言われたんです」と打ち明けた時、支援者は自分が大事に思う相談者がそう言われたことにショックを受け、同時に相談者がそのように言われたことに対する労りの気持ちが生まれているとします。この時、相談者が「悲しい気持ちになりました」などと感情を表現した場合は、「それは悲しい気持ちになりますよね」と、その感情に共感します。これは従来の意味の共感です。もし相談者が、その時の感情について言葉にできなかった場合は、支援者が「それはショックですね」と自分の気持ちを伝えます。相談者は、支援者の感情を聞くことで、自分の感情がどのようなものだったかが言葉になっていくことがあります。同じよ

うな感情だったかもしれないし，少し違う感情だったかもしれません。どちらであれ，エピソードを聞いた支援者が湧き上がる感情を表出するのは非常に重要です。

　愛着トラウマを持つ相談者は，自分が何を感じているのかわからなかったり，わかったとしても，それをどのように表現したら良いのかわからなかったりすることがあります。支援者が自らの感情を表現することで，相談者が自分の感情に気づいたり，言葉にできたりすることがあります。

　そして，従来の意味の共感と，本書で提案する自分事の共感をバランスよく行うことが大事です。


## 美佳さん／20代女性／25回目のセッション

美佳さん：薬を減らしたら，なんか気持ちが明るくなってきたんです。

　支援者：え，そうなのですか？　美佳さんから気持ちが明るくなったなんて聞けると思ってなかったのでびっくりしました。

美佳さん：自分でもびっくりしていて。今までずっと死にたいと思っていたのが，そう思わなくなったんです。

　支援者：え！　そうなのですか!?　それはもっとびっくりしました。それを聞いてとても嬉しいです。

美佳さん：喜んでくれてありがとうございます。私，笑顔ってどうやって作ったらいいかわからないから，支援者さんの笑顔が見られて嬉しいです。

　支援者：そう言ってもらえて私も嬉しいです。本当に良かったですね。

　美佳さんは長く希死念慮を抱えていた人でした。その彼女の気持ちが明るくなったと聞いて，支援者はとても喜んでいます。支援者が同じ世界に立ち，そのなかで自分事の共感の感情を表出することはとても大事です。ただ，その感情の表出が相談者のプレッシャーにならないように気をつける必要があります。

### 3-2-3　問題となる行動を否定しない

　相談者の非適応的な行動とは，面接の時間に遅れるなど面接の構造を遵守できない場合，またお酒や薬を飲みすぎるなどの自傷行為をしてしまう場合，あるいは仕事を休んでしまう，レポートを提出できなかったなど，社会における役割を遂行できないなどの場合があります。そのような時，支援者はできる限りその理由を理解する役割を担います。ほとんどの場合，それが問題であることは相談者もわかっているからです。繰り返しますが，行動変容は相談者の行動の意味を理解した先にあります。

　とはいえ，相談者の安全基地で居続けるためには，相談者が行動を制御できなくなっていると判断した場合，他職種や家族も巻き込んでマネジメントする必要があります。その場合もできる限り相談者の意見を尊重する態度は崩さずに進めます。


## すみれさん／30代女性／12回目のセッション

すみれさん：この前，薬を多く飲んじゃって……

　　支援者：どうしたのですか？

すみれさん：彼氏からしばらく連絡が来なくて，なんかどうしたらいいかわからなくて，薬をたくさん飲めばずっと寝てられるかなと思って……

　　支援者：そうだったのですね。彼から連絡が来なくてどんな気持ちだったのですか？

すみれさん：振られるのかな，と思って。

　　支援者：振られると，どうなりそうですか？

すみれさん：生きていけない。

　　支援者：振られたら生きていけないのに，連絡が来なかったらどうしたらいいかわからないですよね。

すみれさん：はい。

　　支援者：薬をたくさん飲んだらどうなりましたか？

すみれさん：なんかすぐ寝ちゃって，1日くらい寝続けていたのですけど，その後しばらく気持ち悪かったんですよね。

支援者：それは大変でしたね。彼とは今どうなのですか？

すみれさん：結局連絡が来て，今は大丈夫なんですけどね。

支援者：とすると，今度同じようなことになった時はどうしたらいいですかね。

すみれさん：薬は飲まない方がいいとは思うんですが，それ以外に気持ちを落ち着かせる方法がないんですよね。

支援者：そうですよね。今回は大事に至らなかったから良かったですが，でも飲まないでいられると良いですよね。どうしましょうね。


　非適応的な行動についても，もしかしたら自分も相談者の状況だったらそうなるかもしれないと思えるくらいに，相談者の気持ちを把握しようとしながら接することが重要です。いなくなってしまったら生きていけないと思っている恋人から連絡が来なければ，辛すぎて薬を飲んで楽になりたいと思ってしまうかもしれません。一方で，それくらい恋人に依存してしまっているところは，彼女が生きていく困難さにつながります。今後どうしたらいいかについては，相談者と共同で考える過程でそのことを指摘し，話し合っていけると良いでしょう。恋人への依存問題からの回復までは時間がかかるため，再度彼女が過量服薬をしてしまうことがあるかもしれません。何度そのようなことがあっても，諦めずに彼女が自律性を獲得するのを援助する必要があります。自律性は，自己決定の機会が与えられるほど育まれます。ただし，命に関わるようなことを防ぐためにはどうすべきかは，あらかじめ本人や家族と相談しておく必要があります。


## 3-3　尊厳教育──相談者の心を大事にする姿勢

　次に，相談者自身の尊厳を守る必要性を教育します。尊厳を守るとは何を意味するかは議論があると思いますが，ここでは「自分の心と境界に敬意を払うこと」と定義したいと思います。それは，自分の領域に侵入してくる他

者との間に境界線を引き，嫌なことは嫌だと伝えることでもあります。

　そして教育とは，教え育むことですから，単に「自分の心と境界に敬意を払うようにしましょう」と言うだけではありません。近年アクティブ・ラーニングの考え方が広まってきているように，人が何かを自分のものとして取り入れるためには，実際の体験が必要です。ですから，まずは支援者が相談者の心に敬意を払う態度を取り続ける必要があります。相談者を信じることや相談者への共感や承認の姿勢がその態度につながります。

　愛着トラウマを持つ相談者はこれまで尊厳を傷つけられてきています。そして多くの相談者は，傷つけられても何も言えないがゆえに精神的な不調を引き起こしています。支援者は，相談者の尊厳を傷つけた人に対しては毅然とした態度を取ります。

　支援者は基本的に相談者を承認しますが，相談者の言っていることと，相談者が「自分の心の境界に敬意を払う」ということが相反する時，支援者は相談者が思うことは理解しつつも，相談者の心に敬意を払うという姿勢は貫く必要があります。例えば，「自分は傷ついても構わない」と相談者が言う時，支援者は「あなたが傷ついていいとは思えない」と伝えていく必要があります。相談者がそう言っている時，相談者自身も心の奥では「私を傷つけないで」と言っているかもしれないからです。これは第1章で説明したアサーション権につながる話です。


## あおいさん／20代女性／15回目のセッション

あおいさん：アルバイトで休みの希望を出したところにシフトを入れられてしまって，店長に断ったら，人がいないから無理って言われて。

　　支援者：それは困りますよね。

あおいさん：はい。今までも結構あったんですが，仕方ないかと思って我慢してたんです。でも今回はアルバイトに行くことで，約束していた人に迷惑をかけるからどうしたらいいかわからなくて。

　　支援者：今までは我慢してたんですか？

あおいさん：はい。

支援者：それで良かったのでしょうか?

あおいさん：良かったわけではないのですが，あんまり自分の希望とか言えないんですよね。

支援者：そうなんですね。どうしてですか?

あおいさん：どうしてだろう。なんか言えないです。自分が我慢して済むならそれでいいと思ってるところもあるかもしれないです。

支援者：そうなんですね。あなたのなかの「あおいさん」は，「どうして私ばっかり我慢しなきゃいけないの?」って言ってるかもしれないですよ。

あおいさん：そうかもしれないですね。でも自分がやらないと，ほかの人がやらなくちゃいけなくなるから，私がやった方がいいのかなって思ってしまって……そうやってると疲れるんですよね。

支援者：疲れますよね。ほかの人が大事にされるのと同じくらい，あなたも大事にされなければいけないと思いますよ。

あおいさん：そうですよね。


「ほかの人が大事にされるのと同じくらい，あなたも大事にされなければいけないと思いますよ」という言葉は，これまで支援者があおいさんの心と境界を大事にしてきているという土台があってこそ，あおいさんの心に伝わるものです。また，このとき，心のなかの子どものような弱い部分を，ちゃんづけ／君づけで呼ぶと，よく伝わることがあります。


## 4　ポイント：わかった気にならない無知の知（Not knowing）

セキュア・ボンディングでは，通常の心理療法に比べ，相談者が思いを言葉にする前に，支援者が言葉にする場面があります。それは自分の思いを言葉に出すのを躊躇する相談者が言葉にするのを援助したり，自分の感情がわ

からない相談者を助けたりするためです。支援者は，支援者の思いを言葉にしているのであって，相談者の思いを代弁しているわけではありません。つまりこの姿勢は，決して相談者の思いや考えを先読みし，決めつけてしまうものではありません。支援者が先に言葉に出したとしても，相談者の本当の思いを理解しようとする姿勢は持ち続ける必要があります。支援者はNot knowing（＝自分は相談者本人ではないので，完全に理解することはできない）という謙虚な姿勢で，丁寧に話を聞くことが重要です。そしてその姿勢は，相談者の視野を広げることにもつながります。

---

コラム

## 自分の考えや感情って本当に表現してもいいの？

　支援者が信頼されるようになるためには，オープンで正直であることが必要不可欠です（Allen, 2021）。しかし相談者の立場に立てていないなかで，支援者の考えや感情を表現することは相談者を傷つける場合があります。そのため，自分の考えや感情を表現する際は，相談者の立場に立つことが重要です。

　相談者が自分の心の内を打ち明けられるようになるために，支援者は自分の考えや感情を表現することが大事であることは，実際に面接を受けた相談者へのインタビューからも裏づけられています。セキュア・ボンディングを受けた6名の相談者に「支援者のどのような態度によって，あなたは支援者を信頼し，自分の心の内を打ち明けられましたか？」という質問をしたところ，以下のような答えが挙がりました。

- 一緒に笑った。
- 自分の話に驚いたり笑ったりして，事務的ではなかった。
- 良くなってよかったと泣いてくれた。
- 「あなただったらどうしますか？」という質問に答えてくれた。

- 支援者自身が，自分の経験を踏まえてどう思うかを話してくれて，実際こういう人なんだなとわかったので打ち明けられた。
- 「自分はこう思う」と考えを示してくれたので，それとの違いを意識しながら話すことができ，安心して話せた。
- 自分の周りでこういうことがあったんだよ，みたいなことを教えてくれて，自分はこうしていきたいと思っている，というようなことを言ってくれた。

　上記のように，相談者の話によって支援者の心が動かされ，支援者が自分の考えや感情を表現したことに関わる回答が多く挙がりました。支援者が自己の経験を共有しているのは，特にアサーション・トレーニングのパートです。アサーティブに人に接することは，支援者にとっても難しいものです。支援者は自分にとって負担になることまで自己開示をするわけではありません。

　また，支援者は，相談者の考えや感情を理解するために，「自分であればこう感じるのだけど，どうでしょうか？」と自分の考えを示します。ここで，「一般的にはこうなのではないか」というような表現を避けているのは，支援者が一般的な回答を知っているという印象を持たれないようにするためです。支援者も1人の人間であり，偏った部分があるはずです。

　セキュア・ボンディングでは，支援者自身の心の弱いところを使って相談者の心に共感し，強さを持って相談者を承認していきます。そのような態度でいる限り，支援者が自分の考えや感情を表現することは相談者にとってメリットが大きく，相談者が傷つく事態に至る可能性も低いと言えます。

## 第4章

# 治療的アセスメント
### 支援者は問いかけ，相談者は気づく

## 1　ポイント：愛着トラウマと治療的アセスメント

　近年，丁寧なアセスメントは，アセスメント自体が，治療的効果を発揮するといわれています（De Saeger et al., 2016）。それが治療的アセスメントです。つまりセキュア・ボンディングにおけるアセスメントは，支援者が十分に相談者を理解することによって相談者（クライエント・患者）が自分自身への気づきを得ることを促進します。基本的にアセスメントは，相談者と共有しながら進めていくことになります。

　愛着トラウマを持つ相談者は，自分の感情や思考を大事にしていない場合が非常に多いです。相談者は長年，養育者から自分の感情や思考よりも，ルールや養育者の言うことを優先することを強いられていたかもしれません。そして，自分が犠牲になることで丸く収まるのであればそれが良いと考えているかもしれません。しかし，自分の感情や思考を大事にしないと，うつ病などの精神疾患のリスクを高めることを理解してもらう必要があります。

　また，養育環境において，否定されてきた経験が多い相談者は，「自分が間違っているのではないだろうか」「そのように感じるのは，自分がおかしいのではないだろうか」と自信がない人が多いとされています。それは，これまで自分の考えや感情を表現した経験が少ないことにも起因している可能性があります。そのため，アセスメントのなかで，支援者（セラピスト・医療従事者）が相談者の考えや感情に十分に共感し承認しながら進めることが重要です。

## 2　難しいポイントと成功へのヒント

　愛着トラウマを持つ相談者は，自分自身のことを語るのが難しいことも多いです。特に回避型や恐れ型のアタッチメント・スタイルを持つ相談者は，問題を認識することを避けている可能性があります。そのため，相談者をよく知る家族に来てもらい話を聞くことが有効です。

　また，支援者が，アセスメントのなかで，相談者の感情や思考に十分に共感し承認することが大事です。それを繰り返すことで，相談者が自分の感じることや考えることに自信が持てるようになります。

　さらに相談者が話す他者の行動が相談者の尊厳を傷つけるものであった場合には，そのような行動は相談者への敬意を欠いており，相談者を大事に思う同志として支援者自身が看過できないことを相談者に示す必要があります。そのような時は，より積極的に相談者の味方であることを意識してください。


## 3　目標設定
### ──他者を適切に信頼すること，適切に自信を持つこと

　セキュア・ボンディングにおける目標は，他者を適切に信頼し，自信を持てるようにすることです。他者を適切に信頼するとは，他者との対話の可能性を信じるということです。他者との対話により，自分が知らない情報や相手の考えを知ることができるだけでなく，他者と対話によって自分自身の考えが整理され，考えを深めることができます。また他者との対話によって他者と共に答えを導き出していくこともできます。それを実体験をもってわかるようになることが重要です。

　適切に自信を持つとは，他者は別の考えを持っていたり，別の感じ方をしたりするかもしれないけれど，それでも自分はこう考えてこう感じると思い続けられることです。そして，自分の考えに頑なになるのではなく，他者の

話や自分の経験によって，必要に応じて自分の考えを修正できることです。また，他者の言動によって不快な思いをさせられた時に，自分の行動を振り返りながらも，過度に「自分が悪かったのではないか」と思うことなく，逆に全く自分の行動を振り返らず過度に「相手が悪い」と決めつけることなくいられることです。

他者を適切に信頼し，自信を持てるようにすることを，支援者に対して心のうちを打ち明け，頼りにし，安全基地にするという過程で身につけていきます。そしてさらに支援者と共に，他者と関わっていくなかでより深めていきます。そのプロセスを通して相談者は自分にとっての課題を受け入れられるようになり，具体的な目標を設定することができるようになります。こういった目標については，最初に相談者に伝えても，意味が伝わらない可能性が高いでしょう。そのため支援者のなかで意識し，相談者の体験を通して，その重要性を理解できるよう伝えていくことが課題になります。

## 3-1　変化に向けた小さな一歩

愛着トラウマを持った相談者は，さまざまな環境においてストレスを受けやすく，頼りにできる人がいないことも多いでしょう。そのため，現在の問題に対して，自分自身が関わっていることを受け入れる態勢も十分に整っていないことが想定されます。

そのため，相談者と共に目標を設定する際にも，変化を起こすように直接的に圧力をかけるのは避けるべきです。特に，他者への不信感が強い相談者は，支援者から恣意的に自分を変えられるのではないかと疑うでしょう。

相談者と初期に行う目標設定では，まず，相談者が望んでいること，相談者の動機づけに沿って，具体的な目標を設定します。そして進捗状況において適宜再設定します。支援者は相談者の希望，相談者の変化のスピードに合わせて面接を進めていきます。決して，相談者を無理に変化させようとしないことが大事です。愛着トラウマを持つ相談者は，第1章で述べたエピステミック・トラストの障害にも起因して，往々にして頑なになっています。それに対し，支援者はできるだけ柔軟な姿勢が求められます。しかしそれは，

相談者の言いなりになったり，相談者に振り回されたりするということでは決してありません。また，相談者の回復に対する責任を相談者に押し付けるものでもありません。相談者が困っていること，希望していることを十分に理解して，相談者が望む方向に進むためにはどうしたらいいかを相談者と共に探っていきます。そのためには，相談者と共に時には回り道をすることもあります。支援者はその回り道を一緒に進んでいくことが大事です。

　具体的には，相談者が人として，どのようなことを大事に考えているのかを聞きます。特に，回避型や恐れ型のアタッチメント・スタイルを持つ相談者は，他者への信頼が低いため，心理療法に対してもあまり効果を期待していない可能性があります。心理療法への期待が低い人たちには特に，適応的な生き方を目指すというより価値観に沿った生き方をするような援助をしたほうが良いでしょう。価値観に沿った生き方の援助のなかで，相談者が実践した方が良さそうなことを相談者と共に考えます。相談者のペースに合わせ，小さな一歩，しかし具体的な一歩から始めます。

　例えば，「学校に行くか仕事ができればいいと思う」という瑛太さんは，どちらが良いのかを考えるために，就職について具体的に動いてみることにしました。若者就労支援センター（ジョブカフェ）に電話をかける段階になり，瑛太さんは自分がはじめての相手に電話をすることが苦手だと認識し，電話ができるようになることを差し当たっての目標としました。結局，瑛太さんは就職ではなく復学という形を選んだのですが，はじめての相手に電話することが苦手であると認識し，どのように対処すれば良いかを学んだことは，大きな意味があったように思います。

　支援者が相談者を肯定していると相談者自身が認識していることは，面接の結果に肯定的な結果をもたらす重要な要因となることがわかっています（Orlinsky and Howard, 1986）。また，支援者が相談者を肯定することは，相談者が，他者とは別の考え方を持った一人の独立した人間であるという認識を強め，相談者の自律につながります。支援者は，折に触れて，相談者の人となりを聞き，尊重していけると良いでしょう。

## 3-2　回復への希望を手放さない

　精神疾患からのリカバリーには4つの段階があると言われています（Ragins, 2002）。1段階目が希望，2段階目がエンパワーメント，3段階目が自己責任，4段階目が新しい役割，です。実は，心理療法を始める際に，相談者は希望さえ持てていないことがあります。そこで大事なのは，**支援者**が相談者の回復に対して希望を持つということです。希望を持った支援者が，希望を持った相談者を作り出します。相談者が希望を持つことは，心理療法を進める上では非常に重要です。希望を持てない相談者に対してまず必要なのは，支援者が相談者の回復について信じることなのです。しかしこれは，相談者の絶望や恐怖や不安などを支援者が共に感じているという前提がなければ，ほとんど意味を成しません。「大丈夫，心配することないですよ」と，相談者の感じているネガティブな感情から目を背けることは逆効果です。Compassion という英単語がありますが，これは Com（共に）-passion（苦難を感じる）という意味です。相談者の絶望や恐怖や不安などを共に抱え，そのなかでも希望を失わないようにすることが大事です。

## 3-3　養育者・パートナーとの関係，他者との関係を考える

　これまで自己主張できていなかった不安型のアタッチメント・スタイルを持つ相談者は，「母親にヒステリーを止めてほしい」「父親に傷つくことを言うのを止めてほしい」など，家族にこうなってほしいという希望を述べる場合が多くあります。その場合，「他人は変えられないから，自分がどう変われるか考えましょう」などと言うのではなく，その訴えをそのまま受け止めることが大事です。支援者が安全基地を提供し，相談者が外の世界で生きていけるようになるための重要なタスクとして，「養育者に対して感じていることをアサーティブに伝える」ということがあります。養育者に自分の思いを伝える作業に取り組むことを通して，それに対する相手の反応を確認すると共に，自分の考えに自信を持てるようにすることを目指します。

　しかし，セキュア・ボンディングは，養育者を変えるのが目標ではありません。子どもを対象にしたアタッチメントに着目した面接では，Parent-

Child Interaction Therapy（Eyberg et al., 1995），Attachment-focused Family Therapy（Diamond et al., 2021）など，養育者への心理教育も含めて，養育者が変化するよう援助するものがあります。虐待やネグレクトなどの問題があった場合，親に変化してもらうことは必須です。セキュア・ボンディングは大人を対象としているため，養育者が変化することは目標としていませんが，養育者に自分の思いを十分に伝えることを重要な作業として位置づけています。そのことによって，相談者が，養育者と自分は別の心を持った人間であることを自覚し，自律性を高めることが目標です（次に紹介する美佳さんの例を参照してください）。

　回避型のアタッチメント・スタイルを持つ相談者は，人との関係性そのものを脱価値化している場合が多くあります。そのため，「人に頼れるようにしましょう」と言ってもあまり伝わりません。それよりも，まず支援者という他者と話すことによって，自分自身が考えを整理できたり，安心できたりという実感を得てもらうことを目指します。ビジネス領域で使われる「壁打ち」という言葉を紹介しても良いかもしれません。これは，話を誰かに聞いてもらって考えを整理するという意味の言葉です。また，生活していく上では，なんらかの形で他者と関わらざるを得ないため，必要最低限，関わっていけるようにするにはどうしたらいいかを検討していきます。相談者が他者と関わらないでいることも含めて保障し，関わることへの否定的な気持ちに十分に共感することが大事です（本章で紹介する瑛太さんの例を参照してください）。


## 美佳さん／20代女性／5回目のセッション（目標設定）

　支援者：美佳さんが，面接を通して目標にしたいことはありますか？
美佳さん：親と住んでいてストレスを受けて調子が悪くなるので，親に私のことを理解してもらいたいです。
　支援者：それはそうですね。お父さんやお母さんと一緒にいて，どんなストレスを感じるのですか？

美佳さん：母親がいつ機嫌を損ねるかわからなくて，機嫌を損ねるとしばらく口を聞いてくれなくなるので，家がすごく緊張した雰囲気になるんです。

　支援者：それは大変ですね。

美佳さん：はい。

　支援者：お父さんはその時どうしてるんですか？

美佳さん：なんか家から出ていなくなっちゃうんですよね。

　支援者：そうなのですね。

美佳さん：そうすると，私と母の二人だけになるので余計に大変です。

　支援者：そうですよね。お母さんにはそのことを話したことはあるんですか？

> 　支援者は，母にも事情があるのだろうとは思いながらも，美佳さんを無視する母親の行為に対して，看過すべきではないと考えています。

美佳さん：あるんですけど，あまり聞いてもらえてない気がするんです。

　支援者：そうなのですね。そうであれば，面接のなかで伝えていくのをひとつ目標にしましょうか。

美佳さん：はい。

> 　初期の面接では「親に伝える」ことをひとつの目的としています。ここでも「親に理解してもらう」というのは，本人の力では及ばない部分があるため，「親に伝える」ことを目的としています。

## 美佳さん／20代女性／35回目のセッション
## （母親と7回の面接後，再度目標設定）

美佳さん：今日，母親の機嫌を損ねてしまって。

　支援者：それは大変でしたね。

美佳さん：怒った時に完全に無視するのはやめてほしいって，面接でも母親に言ったと思うんですが，また無視されてるんです。

支援者：あの時，お母さんも止めるって言ってましたよね。

美佳さん：そうですよね。

支援者：完全に無視されるのはしんどいですよね。

> 支援者は，美佳さんと共に想いを伝えた仲間として，それでも母が美佳さんを無視することに対して残念な気持ちになりながら，同時に母に無視された美佳さんへ労りの気持ちを込めて，自分事の共感を示しています。

美佳さん：はい。でも，母がそうやって私を追い詰めるようなことをするのは変わらないんだなって，なんか割り切れた気がするんです。

支援者：あまり変わらないですかね。

美佳さん：支援者さんに一緒に言ってもらっても変わらないんだから，もう変わらないかなって思います。

支援者：もしかしたらそうなのかもしれないですね。

美佳さん：私は何でも母が言う通りにしてきてしまったから，母から無視されると不安になるんですよね。中身が空っぽなんです。

支援者：前にもそうやって話してくれていましたよね。

美佳さん：はい。何とか中身を身につけていきたくて。

支援者：そうですね。

美佳さん：お金とかの問題はあるんですが，まずは一人暮らしと仕事を何とかしたいと思います。

支援者：それはいいかもしれませんね。

美佳さん：はい。

支援者：一人暮らしと仕事を大きな目標に，具体的な目標を考えてみましょうか。

美佳さん：そうしたいです。

自分の思いをしっかりと伝えたことで，美佳さんは親をより適切に理解し，これから親と離れて生活するために必要な目標を設定できるようになりました。

## 瑛太さん／20代男性／6回目のセッション（目標設定）

　アセスメント時には特に問題のない幼少期を過ごし，これまで人間関係で傷ついたこともないし，親からも辛い思いをさせられたことがないと語り，この時点で支援者は摑みどころがないと感じています。

支援者：瑛太さんにとって重要なことを大事にしていけるように，目標を設定したいのですが，瑛太さんにとって重要なことは何ですか？

瑛太さん：勇敢なこと。

支援者：勇敢なことですね。ほかにはありますか？

瑛太さん：感情をコントロールできること。

支援者：感情をコントロールできることですね。

瑛太さん：努力すること。

支援者：努力することですね。

瑛太さん：（少し長く考えてから）周囲と調和を保ちながらやりたいことをして生きることかなと思います。

　これまでに瑛太さんは，自分は勇敢ではなく，感情をコントロールできなく，努力もできないだめな人間だと語っていました。これに関しては今後話し合う必要があると支援者は認識していますが，この時点では保留しています。

支援者：周囲と調和を保つというのは具体的にどういうことですか？

瑛太さん：（少し考えてから）家族に心配をかけないことかな。

支援者：どういう状態であれば心配をかけないですか？

瑛太さん：（少し考えてから）大学に戻るか仕事に就くか……

支援者：そうなんですね。そのあたりのことはどう考えているのですか？

瑛太さん：（うつむいてしまう）

支援者：（少ししてから）そのあたりを考えるのは大変ですか？

瑛太さん：（頷く）

支援者：では，やりたいのはどんなことですか？

瑛太さん：あんまり見つからない。

支援者：今の時点ではやりたいのは見つかってないのですね。

瑛太さん：はい。

支援者：ということは，今の時点では，大学に戻るか仕事に就くかをして親に心配をかけないのが大事だと思っているけど，あまり考えたくなくて，自分のやりたいことも，まだよくわからないということなんですね。

瑛太さん：（頷く）

支援者：それではまず，大学に戻るか仕事に就くかを決めるのは保留して，それを決められるようにするために，今何ができるかを考えてみましょうか？

瑛太さん：はい。

目標を設定する時は，あまり無理のない程度の目標にします。

### 瑛太さん／20代男性／9回目のセッション（目標設定・続き）

（7回目に母親に来てもらってアセスメントを行い，8回目にそれについて支援者と振り返っています／pp.114-117参照）

支援者：瑛太さんは，人とはどんな関係を築きたいですか？

瑛太さん：あんまり……

支援者：あんまりというのは？

瑛太さん：あんまり人と関わりたくないというか……

　支援者：そうなんですね。

瑛太さん：はい。

　支援者：それでは，瑛太さんのことを知るために少しお聞きしたいのですが，高校の時に小説研究会で小説を書いていたと言われていましたね。どんな小説を書いていたのですか？

> 目標設定を適切に行うために，人となりを聞いています。

瑛太さん：文明が崩壊した後の世界をロボットが一体だけ歩いている。人がいた頃の記憶がないロボット。人も生き物もいない世界で，落ちているものを口の中に入れていく……

　支援者：そんな小説を書かれたのですね。それでどう終わるのですか？

瑛太さん：どう終わったんだっけ……

　支援者：どんなことを書きたいと思っていたのですか？

瑛太さん：静かで，一人で，暗い雨，曇り空の湖，灰色，単調……ですかね。

　支援者：そういうことを書きたいんですね。

瑛太さん：そうですね。

　支援者：瑛太さんにとって，そのようなものってどんなものなのですかね？

瑛太さん：浮かんできたイメージです。

　支援者：どうしてそういうイメージが浮かぶのでしょうかね？

瑛太さん：自分の理想としている世界なのかもしれません。

　支援者：静かで，一人で，暗い雨，曇り空の湖，灰色，単調という世界が理想というのはどういうことですかね？

瑛太さん：人を必要とせずにいられたらいいと思う。

　支援者：というのは？

瑛太さん：人と関わることで楽しかったり助かったりというメリットは認めるけど，人と関わることの煩わしさと比較して，それを超えるほどのメリットがあるかはわからない。

支援者：確かにそうですよね。人と関わることの煩わしさについて考える
　　　　のをひとつの目標にしましょうか。
瑛太さん：はい。

　　相談者のアタッチメント・スタイルを尊重しつつ，考えることを目標
　にすることで目標設定のハードルを下げています。

## 瑛太さん／20代男性／10回目のセッション（目標設定・続き）

支援者：人と関わる時の煩わしさについて考えるには，人と少しずつ関わ
　　　　ると何が煩わしいのかが明確になる気がするのですが，どうでしょ
　　　　うか？

　　人と少しずつ関わるという，相談者にとってそれほど難しくない具体
　的なことを目標にし，人と関わるときに何が煩わしいのかを考えていけ
　るようにします。

瑛太さん：確かにそうかもしれないですね。
支援者：その意味では，何か居場所のようなところを作ると良いとも思う
　　　　のですが？
瑛太さん：（頷く）
支援者：（デイケア，フリースペース，就労移行支援について詳しく説明。
　　　　瑛太さんは，就労移行支援は，就労したいかどうかわからないの
　　　　で行くのを躊躇してしまうという）
瑛太さん：見てみないとイメージが湧かないというか。
支援者：そうですよね。まずは病院のデイケアから見てみますか？
瑛太さん：（頷く）
支援者：大学に戻るか仕事に就くかするためにも，ある程度人と関わらな
　　　　いといけない部分がありますね。デイケアなどで人と関わりなが

ら，何が煩わしいのかをはっきりさせて，それでわかったら，ど
うすればいいのか考えていけるといいかと思うのですが，どうで
すか？

瑛太さん：そうですね。

---

- 瑛太さんの初期の目標：デイケアで人と関わりながら，人と関わるの
  の何が煩わしいかをはっきりさせる。
    →人と関わるのが煩わしいのは，はじめてのことや場所が苦手で人に
    　どう話しかけたら良いかわからないからだと気づく。
- 瑛太さんの中期の目標：はじめてのことをする時はどうすれば良いか，
  人に話しかけるときはどうすれば良いかを学ぶ。
    →目の前の具体的なことを積み重ねていけば良いことに気づく。
- 瑛太さんの後期の目標：大学に復学するか，退学するかを決めるため
  に大学の先生に連絡する。
    →先生に連絡し，先生とやりとりをするなかで，先生はどうやら卒業
    　することに協力してくれそうなことがわかった。自分も目の前の具
    　体的なことからまずやってみようという気持ちになり，復学するこ
    　とを決められた。

---

## 4 支援者以外に頼れる人を作る

　面接は，永遠に続くものではなく，いつか終了するものです。それを踏ま
えて，困った時に支援者以外の誰かを頼りにできることを意識しておくこと
が重要です。

　相談者に「あなたが頼りにできそうな人にあなたのことを知ってもらえる
よう，面接で一緒にお話しできますが，いかがでしょうか」と伝えます。面
接の初期には，頼りにできる人を見つける必要性を理解していない相談者も
いるかもしれません。その場合には，相談者が頼りにできる人の必要性を理

解できるようになってから，この説明をした方が良いかもしれません。

　相談者のことを知ってもらうために，相談者が望む人に対して，相談者が伝えたいことを共に伝えます。相談者は身の回りの人に自分を知ってほしいけれど，なかなか伝えられないということが往々にしてあります。もちろん，相談者自身が自分で伝えられるようになるのが望ましいですが，その練習の意味でも，希望する第三者に面接に来てもらうのは有効です。

　そして，来談した第三者が知りたいことを知ってもらったり，相談者が知ってもらいたいことを伝えたりする援助をします。さらに，相談者が面接において現在取り組んでいることを見てもらい，日常生活で協力を仰いでも良いかもしれません。

　注意すべきなのは，あくまで相談者が望む人に対して，相談者が望むことのみ話すということです。基本的には，相談者も同席で話します。時には，身近な人が，相談者抜きで話をしたいと言うかもしれません。その場合は，相談者との十分な話し合いが必要です。第三者との会話の内容を相談者が知らないことが，相談者が支援者や身近な人に対して不信感を持つ原因になる場合もあります。

> 　面接の内容も含めて身近な人に知ってもらうことで，面接終了後にも，困った時に相談者が頼れるような関係性を築いていきます。頼れるとは，依存するのではなく，**困った時に相談できることです。相談できること**で安心できたり自分自身の考えを整理できたりします。

## 大地さん／40代男性／15回目のセッション

　支援者：困った時に頼りにできる人はいますか？

大地さん：お付き合いしている人ですかね。

　支援者：あぁ，そうなんですね。それは良いことですね。

大地さん：はい。でも迷惑をかけているような気がするんですよね。今はほとんど仕事に行けてないですし。

支援者：そのお気持ちは，お付き合いされている人に話したりはしますか？

大地さん：なんか改まって話すのってなかなか難しいんですよね。

支援者：確かにそうかもしれないですね。お付き合いされている方が今の状況をどう思っているのかはご存知ですか？

大地さん：どう思ってるんだろう？

支援者：お付き合いされている方がどう思っているのか知りたいですか？

大地さん：そうですね。

支援者：面接に来てもらって一緒にお話しすることもできますが，どうですか？

大地さん：それでもいいと思います。

支援者：特にお付き合いされている方に話してほしくないことなどはありますか？

大地さん：特にはないと思います。

支援者：私からお付き合いされている方に電話をした方が良いですか？それとも大地さんから来週一緒に来るようにお願いしてもらえますか？

大地さん：自分から言ってみます。

支援者：ではお願いします。


## 大地さん／40代男性／16回目のセッション（恋人の晴美さんと共に）

支援者：今日は来ていただいてありがとうございます。

晴美さん：いえいえ，こちらこそどんな感じか知りたかったので良かったです。

支援者：大地さんと一緒に暮らすなかで，何か気になることはありますか？

晴美さん：うーん，私もどういうふうに接してあげるのが良いのかわからなくて，あまりプレッシャーをかけたくないから，余計なことは言わないようにしてるんですけどね。

支援者：そうなんですね。（大地さんに向かって）晴美さんはそう思ってるみたいですけど，どうですか？

大地さん：言ってもいいよ。

支援者：（晴美さんに向かって）大地さんは言っても良いみたいなので，もしよければ思ってらっしゃることを話してもらえますか？

晴美さん：仕事に行けたらいいと思うんですけどね。なんか，自分だけ頑張ってるのも辛くなっちゃうところもあるんですよね。

支援者：自分だけ頑張っているような感じがしてるんですね。

晴美さん：そうですね。彼はあまり何も言わないからわからなくて。

大地さん：仕事に朝から行けたらいいと思ってるんだけど，どうしても動けなくなっちゃうんだよね。

晴美さん：そうなんだ。どんな感じなの？

大地さん：何というか，石が乗っかっている感じというか。

支援者：そうなんですね。

大地さん：自分も仕事に行きたいんです。だから6時に目覚ましをかけて一度起きるんですが，そこから顔を洗ったり，服を着たりするのができないんですよね。

晴美さん：仕事に行きたいとは思ってたんだね。

大地さん：うん。

支援者：ほかにも何か工夫していることはありますか？

大地さん：コーヒーが好きなんですが，一応，睡眠の質を上げるために，夕方からは飲まないようにしたりしています。眠れてはいるんですけど，それでも朝はだるくなっちゃうんですよね。

支援者：そうなんですね。コーヒーが好きなのに夕方から飲まないようにしているのは，結構頑張っていますね。

大地さん：一応。

晴美さん：そうなんだ。

支援者：先ほど，晴美さんは自分だけ頑張ってるのが辛くなっちゃうとおっしゃってましたが，晴美さんはどんなことを頑張っているのですか？

晴美さん：経済的に私が支えないといけない部分があるので，今パートを2

種類かけもちしていて，深夜まで働いてるんですよね。別に大丈夫と言えば大丈夫なんですが，なんか大地さんが寝てばかりいると，イライラしてしまうことがあって。

支援者：深夜まで働かれているんですね。そうすると，イライラしてしまうことがあるかもしれないですね。

晴美さん：はい。でも，今日聞いていたら，大地さんなりに頑張ってるところもあるんだとわかって，ちょっと良かったです。

支援者：そうみたいですよ。

大地さん：迷惑かけちゃって申し訳ないなと思ってます。

支援者は，大地さんの気持ちを恋人に伝えるのを助けています。

支援者：晴美さんは言いたいことを言うのを我慢しているようですけど，どうなんですかね？

大地さん：内容にもよるかもしれないけど，言ってもらっていいと思います。

晴美さん：本当ですかね（笑）。

支援者：大地さんがもう少し自分の状況などを晴美さんに伝えたらいいのではないかと思うのですが，どうですかね？

大地さん：できれば言った方が良いかなと思いました。

支援者：では，少しお二人ともご自分のお気持ちを相手に伝えるようにしてみてもらって，そのご様子を次回，聞かせていただけたらと思うのですが，いかがですか？

晴美さん：私もその方が助かります。

大地さん：そうですね。

この面接の一番の目的は，晴美さんに大地さんのことを理解してもらい，大地さんが困った時に晴美さんを頼りにできるようになることです。しかし，大人同士の関係では，一方が頼るのみではバランスが保てません。できれば大地さんも晴美さんを理解することが望ましく，面接では

お互いに理解を深められるよう促しています。

## 5 養育環境を探求する

### 5-1 養育者はどのような人だったか？

　生育歴を詳しく聞き，養育者が，どのように相談者に接してきたかを評価していきます。幼少期のさまざまな体験について，相談者がどのようなことを感じ，考えてきたか，その上でどのような行動を取ってきたかを詳しく聞きます。そして，養育者はその体験についてどのような行動を取ってきたかを聞き，それぞれの人柄，および両者の関係性を評価していきます。幼少期の関係性が現在にまで続いているのか，それとも変化しているかということも大事な視点です。

　アタッチメントの評価尺度として最も有名な評価尺度のひとつに，Adult Attachment Interview（AAI）があります。AAIの正式な認定コーダーの資格を得るには定められたワークショップとスーパーヴィジョンを受ける必要があるため，実施できる検査者は限られています。しかし，AAI簡易版を参考に相談者に対して質問することで，相談者の生育歴を詳しく知ることができます（表4）。

　上記項目を質問することにより，養育者は幼少期の相談者にとって，困った時に心のうちを打ち明けられ，頼りにできる存在，つまりアタッチメント対象（pp.15-19の定義を参照）になっていたかを確認してください。

　Controlは，過干渉・価値観の押し付けにつながり，Careは無関心・共感の欠如につながります（表5・表6）。どちらかの親にその傾向があっても，もう一方の親がその問題に気がつき対処していれば，子どもの心の傷つきは大きくならずに済みます。そのためそれぞれの親の特徴と共に，もう一方の親が対処してくれていたかを評価することも大事です。

## 表4　AAIの質問項目の簡略版（上野，2010）

1. まず，あなたの子ども時代の家族構成，どこにお住まいになっていたかなどから話していただけますか。

2. あなたの小さい頃の両親との関係をできるだけ小さい頃にさかのぼって話していただきたいのです。

3／4. 子ども時代の（母／父）との関係を描写するような言葉を5つ教えてください。私が，それらを書きとめ，その後どうしてその言葉を選んだのかについてエピソードなどをお尋ねします。

5. ご両親のどちらにより親近感を持っていましたか。また，それはどうしてですか。

6. あなたが感情的に混乱した時，あなたはどのようにしましたか。また，どうなりましたか。特に思い出すエピソードはありますか。けがをした時，病気の時はどうでしたか。

7. 両親と最初に離れた時のことを覚えていますか。

8. 子ども時代，両親から拒絶されたと感じたことはありますか。その時，あなたはどのようにしましたか。両親は，子どもを拒絶したと自覚していたと思いますか。

9. 両親に，恐らくしつけのためか，あるいは半分冗談で，脅されたことなどはありましたか。

10. 自分の両親との全般的な経験が今の自分にどのような影響を与えたと思われますか。子ども時代の経験がご自分の成長の過程において何らかの否定的な影響を及ぼしたと思われたことなどはありますか。

11. 子ども時代，両親がそのようにふるまったのはどうしてだと思いますか。

12. 子どもの頃に，親のように慕っていた他の大人の方はいましたか。

13. 子どもの頃に，自分の親か他の家族の一員，例えば兄弟姉妹など他の近くしていた親戚がお亡くなりになった経験はありましたか。

14. 子ども時代の頃と比べて，両親との関係にいろいろと変化があったと思いますか。

15. 現在のあなたと両親との関係はどのようなものですか。

表5　養育者との相互関係

| 養育者との長期にわたる相互関係の質とパターンは，2つの軸（CareとControl）で評価できます。 | |
| --- | --- |
| Care | アタッチメント，温かさ，共感，親密さ |
| Control | コントロール，侵入的，過剰接触，子ども扱い，自立の妨害 |

利用できる評価尺度：Parental Bonding Instrument（PBI）（Parker, 1989）

表6　Parental Bonding Instrument

| Parental Bonding Instument の結果 | | |
| --- | --- | --- |
| | Care<br>（アタッチメント，温かさ，<br>共感，親密さ） | Control<br>（コントロール，侵入的，過剰接触，<br>子ども扱い，自立の妨害） |
| 母親 | 8点／36点中<br>（27点以上が十分な Care） | 28点／39点中<br>（13.5点以上が高い Control） |
| 父親 | 20点／36点中<br>（24点以上が十分な Care） | 6点／39点中<br>（12.5点以上が高い Control） |

※Parental Bonding Instrument は25項目の自記式質問紙で，16歳まで父親，母親にそれぞれどのように育てられたかを答えてもらうものです。回答は0＝全く当てはまらない，1＝あまり当てはまらない，2＝少し当てはまる，3＝まさに当てはまる，の4段階となっています。それぞれの項目が Care か Control を示す項目に分かれており，例えば，「私に温かく，親身に声をかけてくれた」は Care に相当します。
　母親は，共感能力が低く，無関心である割に過干渉，価値観を押し付けてきていたこと，そしてそれは父親が補える範囲を超えていたことが推察できます。

## すみれさん／30代女性／7回目のセッション（養育環境のアセスメント）

　　支援者：生まれてから高校を卒業する頃まで，どのような家族構成でしたか？

すみれさん：もともとは両親と3歳下の妹と4人暮らしだったのですが，両親が5歳の時に離婚して，それからは母と3人で暮らしていました。そして小学4年生の時に母が再婚して，母と父と妹と4人で暮らすことになりました。

支援者：わかりました。すみれさんとお母さんは子どもの頃，どういう
　　　　　　　関係だったか，教えてもらえますか？
すみれさん：母は結構怖くて，傷つけられることが多かったと思います。
　　　支援者：具体的には何か覚えていることはありますか？
すみれさん：母と3人で暮らしていた時に，何か私に腹を立てた母が妹を連
　　　　　　　れて出掛けてしまい，何時間も帰ってこないことがよくありま
　　　　　　　した。そういう時は怖くていつも泣いていました。
　　　支援者：そんなことがあったのですね。それは怖かったですよね。

アセスメントのなかでこのように相談者が傷ついた体験が出てきた場
合は，話を流さず，相談者のその時の気持ちを掘り下げるか，あるいは
その時に湧き上がった支援者の感情を伝えます。

すみれさん：そうですね。
　　　支援者：ほかにも覚えていることはありますか？
すみれさん：なんか私に「機嫌悪いの？」と聞いてきて，それで怒ったり，
　　　　　　　日記を読まれて，それについて問い詰められたりして。
　　　支援者：そうなのですね。すみれさんの機嫌が悪いと怒るということで
　　　　　　　すか？
すみれさん：はい。疲れてたり，ぼーっとしてたりして，いつものようにニ
　　　　　　　コニコしてないと怒る感じでしたね。
　　　支援者：そうですか。日記を見られた時はどんな気持ちになりましたか？
すみれさん：すごく嫌だった。でもむしろ母がその内容について怒っていた
　　　　　　　ので，私は怒られただけだった気がします。
　　　支援者：日記を読まれたら嫌ですよね。それなのに怒ることもできなかっ
　　　　　　　たのですね。

相談者の尊厳が傷つけられたエピソードに関しては，支援者が看過し
ない態度が必要です。

すみれさん：そうなんです。

支援者：お母さんには何か困った時に相談することはできましたか？

すみれさん：できなかったですね。友達のことを何か相談したことがあったのですが，後からその話題を使って，責められたことがあって，母には何も言えないと思っていました。

支援者：それも結構ショックですよね。

すみれさん：そうなんです。

支援者：お父さんというと，すみれさんにとっては，どの方になりますか？

すみれさん：今，母が再婚した人が自分の父ですね。

支援者：お父さんとの関係はどうですか？

すみれさん：父は結構優しいとは思うんですが，あんまり話すことがなくて。

支援者：何か印象に残っていることはありますか？

すみれさん：結構ご飯を作ってくれたり，物を買ってもらったりした気がします。

支援者：お父さんに嫌な思いをさせられたことはありますか？

すみれさん：あまりないと思います。

支援者：お父さんに何か困った時に打ち明けられたりしましたか？

すみれさん：してないですね。できないってわけではなかったですが，しようとしなかったですね。

支援者：どうしてですかね？

すみれさん：あまりいなかったというか……2人の時間があまりなかったかもしれないです。

支援者：そうなのですね。お母さんは再婚されてから，すみれさんに対する態度は変わりましたか？

すみれさん：あんまり変わってない気がします。

支援者：そうなのですね。血のつながっているお父さんとすみれさんはどのような関係ですか？

すみれさん：両親が離婚してから3回くらい会ったことはあるんですが，それ以外に連絡したことはないですね。一応，連絡先は知ってる

んですが。

支援者：血のつながっているお父さんのことで覚えていることはありま
　　　　すか？

すみれさん：小さい頃，遊んでくれた記憶はありますね。

支援者：話を今のお父さんの方に戻すと，お母さんに傷つけられるよう
　　　　な時は，お父さんは何をしてましたか？

> 父親が母親の問題を補えていたかを聞きます。

すみれさん：お父さんは止めようとしてくれてたと思うんですけど，母は父
　　　　　　の言うことも全然聞かなくて。

支援者：そうなんですね。もしかしたらお父さんは，すみれさんが辛い
　　　　気持ちでいたことをわかってくれるかもしれないですかね。

すみれさん：その可能性はあるかもしれないです。


## 5-2　これまでにどのようなことで辛い思いをしてきたか？

　自己への信頼感，および他者への信頼感が低くなるようなきっかけや現在
の人間関係の持ち方に影響を与えたエピソードがあれば，それについて詳し
く聞きます。幼少期のいじめや虐待などの出来事と，直近の対人関係での傷
つきなどが挙げられます。


### あおいさん／20代女性／12回目のセッション
### （これまでの人間関係での傷つきのアセスメント）

支援者：子どもの頃，いじめや暴力など，嫌な思いをさせられたことは
　　　　ありましたか？

あおいさん：ありましたね。うちはお金がなかったから，お風呂も毎日入れ
　　　　　　なかったし，洋服も毎日着替えられなかったんですよね。その
　　　　　　せいなのか，汚いって言われたり，靴に砂を入れられたり，い

ろいろありましたね。

支援者：そうだったのですね。小学校のいつのことですか？

あおいさん：入学した時からずっとでしたね。でも小学5年生くらいの時に，私が我慢できなくなって，男の子のことを殴っちゃったんですよね。そしたらなくなりました。

支援者：ずっとだったんですね。

あおいさん：確かに汚かったから仕方ないとも思うんですけどね。

支援者：たとえもし汚かったとしても，それを口にするのは，私は間違っていると思っています。言われた人の心を想像する力が欠けていると思います。

支援者は，相談者の尊厳を傷つける人には毅然とした態度を取ります。

あおいさん：そうですよね。

支援者：誰かに相談したりはしましたか？

あおいさん：母に言ったこともあったと思うんですけど，あんまり取り合ってもらえなかった気がします。

支援者：それは大変でしたね。

あおいさん：そうですね。

支援者：言い返したりすることはできましたか？

あおいさん：全然できなかったですね。今も，嫌なことを言われた時に言い返すことは全然できません。

支援者：そうなのですね。今，嫌なことを言われた時に言い返すことができないのはどうしてですかね？

あおいさん：相手はふざけているだけなのに，気にする自分の方が変なのかなって思っちゃうんですよね。

支援者：最近はそういうことはありましたか？

あおいさん：友達と血液型の話になって，私がB型って言ったら，「友達がB型って変な人多いよね」と言っていて，「え？」って思ったん

ですが，何も言えずに笑っていました。

支援者：それは，「え？　どういう意味？」って思いますよね。

相談者が違和感を覚えたことに対する承認は重要です。

あおいさん：やっぱりそうですかね。

支援者：ええ，失礼ですよね。

相談者の尊厳を傷つける人に対しては，支援者が不快感を表現することも必要です。相談者にそのような態度を取った他者に対して，気分を害したという態度を見せます。

あおいさん：そうですよね。

支援者：あおいさんの傾向として，嫌なことを言われた時に言い返すことができないというのは，大事なポイントかもしれないですね。

あおいさん：そうですね……

支援者：話を戻すと，小学5年生くらいの時に男の子を殴ったということですが，それはどういう状況でしたか？

あおいさん：どうして殴ったのかは覚えてないのですが，結構殴ってしまったと思います。

支援者：堪忍袋の尾が切れたんですかね。

あおいさん：そんな感じだと思います。でも私，その後も急にキレて暴力を振るってしまうことがあって，そういう自分が怖くもあるんです。

支援者：そうなんですね。ほかにはどんなことがあったんですか？

あおいさん：彼氏に対して暴力を振るったこともありました。

支援者：相手は怪我をされたんですか？

あおいさん：病院に行くほどではなかったと思うんですが，結構ひどく殴ってしまいました。

支援者：そうなんですね。そういうときって，制御が効かなくなるので

すか？

あおいさん：そうなんです。そうなっちゃうと止められない。

　支援者：確かにそうなると自分でも怖くなるかもしれないですね。

あおいさん：はい。

　支援者：でもその時は，そのおかげでいじめがなくなったのは良かったですけどね。

あおいさん：それはそうですけどね。

　支援者：普段から自分の気持ちを言わずに抑えていると，怒りが溜まってキレてしまうか，うつになるということがわかっているのですよね。

　　　このような場面では，必要に応じて，図6「服従的・非主張的な対人関係パターン」（p.27）を参照して説明してください。

あおいさん：そうなんですか。私はうつになるし，キレるし，どっちも当てはまってますね。

　支援者：そうですね。だから気持ちを抑えているということは，やはり今後考えていかないといけないポイントかもしれないですね。

あおいさん：そうですね。

　支援者：それにしても，小学校時代，ずっといじめられていて，よくこれまでやってきましたね。

あおいさん：なんか悔しかったから，休まずに学校に行っていました。

　支援者：すごいと思いますよ。

あおいさん：負けたくなかっただけですけどね。

　　　あおいさんが傷ついた場面について打ち明けてくれているので，味方であることを意識して気持ちを伝えています。

# 6　現在の関係性を明確にする

## 6-1　アタッチメントスタイルの評価

　p.18の表2「RQにおけるアタッチメント・スタイルの分類」を参照して評価します。周囲の人と安定した関係性を築けていれば安心型，自信がなく不安が強ければ不安型，他者との関わりを避けていれば回避型，傷つくことを恐れ，不安型・回避型の両方の要素を持っているようであれば恐れ型です。

　評価にあたっては，自記式のRelationship Questionnaire（RQ）か，Attachment Style Interview（ASI）を利用してください。

　Relationship Questionnaire（RQ）は，自記式の質問紙で，安心型，不安型，回避型，恐れ型それぞれの特徴を挙げ，「1＝非常に当てはまる」から「7＝全く当てはまらない」までの7段階で，どれに当てはまるかを記入してもらいます。そして，最後にどの型が自分に最も当てはまるかを回答してもらうものです。所要時間はおよそ5分です。

　Attachment Style Interview（ASI）は，半構造化面接です。前半は，親およびパートナーとの関係の質を評価し，親およびパートナー以外も含めて，アタッチメント対象が何人いるかを評価します。アタッチメント対象かどうかは，心の内を打ち明けられているか，積極的情緒的サポートがあるかについて，1＝極めて，2＝かなり，3＝いくらか，4＝ほとんどない，という4段階で評価し，両方が1〜2である対象をアタッチメント対象とします。アタッチメント対象が2人以上であれば，人間関係を作る能力が高いと判断します。後半は，アタッチメント・スタイルを評価するための質問です。不信感，人に近づくことへの妨げ，拒絶されることへの恐れ，自己信頼，親密さへの欲求，離れることへの恐れ，怒りについての度合いを，1＝極めて，2＝かなり，3＝いくらか，4＝ほとんどない，という4段階で評価し，その分布に従って評価します。アタッチメント・スタイルは，安心型，とらわれ型，怒り型，引っ込み型，恐れ型の5つに分類されます。とらわれ型は，不安・依存の傾向があるタイプ，怒り型と引っ込み型は回避傾向があるタイプです。所要時

間は1時間です（Bifulco et al., 2008）。

## 6-2　エピステミック・トラストの評価

　15項目からなる自記式評価尺度（Epistemic Trust, Mistrust and Credulity Quesetionnaire：ETMCQ）が利用できます。この尺度では，Trust（信頼），Mistrust（不信），Credulity（信じ過ぎ・軽信）の3つの因子を評価することができます。それぞれの項目に対して，「1＝全く当てはまらない」から「7＝完全に当てはまる」の7段階で評価されます（日本語版は私たちのグループが開発中です）。

### 武さん／20代男性／セッション開始前（心理検査の場面）

支援者：この心理検査の用紙に答えていただいても良いでしょうか？

武さん：これって何を見るためのものなんですか？

支援者：武さんの他者との関わり方のスタイルを見るためのものです。

武さん：でも，自分が本当のことを書くとは限らないですよね。

支援者：それはそうですけど，本当のことを書いてくれないと正確に評価できません。

武さん：この結果を見られて，あの人はこういうところあるんだ，みたいに思われるのが嫌なんですよね。

支援者：確かにそうですよね。では，とりあえず使わずに進めましょうか。

武さん：そうですね。

　支援者は，武さんの文脈であれば，確かにそう思うかもしれないと，心理検査を拒否することを受け入れています。武さんが心理検査を嫌だと思う心理について探究することは，武さんが自分の特徴に気づく上で意味がありますが，この場面でこれ以上探究すると説得されているように伝わるリスクがあります。そのためこの話を深めるのは，武さんが支援者との間で安心感を覚えられるようになってからの方が望ましいで

しょう。

　これだけで判断できるわけではありませんが，武さんは，自信も他者
への信頼も低い，恐れ型である可能性が高いです。つまり支援者は，武
さんのアタッチメント・スタイルを尊重しています。


## 6-3　家族や身近な人との関係性

　相談者の家族を家族システム全体で理解できると良いでしょう。そのため，
原則的にジェノグラムを利用することを推奨しています。

- 父方，母方の祖父母と叔父叔母，従兄弟（姉妹）まで，相談者の家族シス
  テムを聞いてください。
- それぞれの関係性も記入してください。

---

**一人ひとりとの関係性**
- アタッチメント対象になるような，困った時に頼りにできる関係か。
- その人との関係において，ストレスや困りごとを抱えているか。

**家族以外の人との関係性**
- 困った時に頼りにできる友人や知人はいるか。
- ストレスや困りごとの原因になるような人はいるか。

---

## すみれさん／30代女性／8回目のセッション（養育環境のアセスメント）

　　　支援者：すみれさんのご家族について聞かせてもらっても良いですか？
すみれさん：はい。
　　　支援者：（ジェノグラム（図11）を描きながら話を聞く）まず，お父さ
　　　　　　　んとお母さんがいて，3歳下の妹さんがいるとおっしゃってい
　　　　　　　ましたよね。

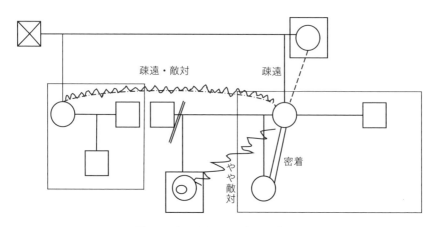

図11　すみれさんのジェノグラム

すみれさん：はい。

　　支援者：お母さんは何人兄弟姉妹ですか？

すみれさん：2人です。妹がいます。

　　支援者：ありがとうございます。すみれさんの妹さんに，ご家族はいますか？

すみれさん：いえ，妹は父と母と暮らしています。

　　支援者：ありがとうございます。実のお父さんのおじいさんとおばあさんのことはご存じですか？

すみれさん：小さい頃は遊んでもらったんですが，今はどうなっているのか全然わからないです。

　　支援者：わかりました。お父さんが何人兄弟姉妹だったかは覚えていますか？

すみれさん：わからないですね。

　　支援者：今一緒にいるお父さんのご両親のことはご存じですか？

すみれさん：全然知らないですね。関わりがないんです。

　　支援者：わかりました。お母さん側のおじいさんとおばあさんとは，今はどんな関係ですか？

すみれさん：祖父は亡くなって，祖母は施設にいます。子どもの頃，祖父母は優しくしてくれたので感謝しているんですが，母と祖母が仲が良くなく，最近まであまり会えなくなってしまって。でも，祖父が亡くなって祖母が施設に入ってからは時々面会に行くようにしてます。

支援者：そうなんですね。

すみれさん：はい。

支援者：妹さんとはどんな関係ですか？

すみれさん：妹は母に結構洗脳されているというか，母に言われた通りにしているようなところがあるので，ちょっと付き合いにくいんですよね。

支援者：そうなのですね。妹さんがすみれさんと同じ気持ちでいてくれたら良かったんですけどね。

すみれさん：そうなんですよね。

支援者：あまり頼りにはできないですか？

すみれさん：はい。

支援者：ご家族や親戚のなかで困った時に頼りにできる人はいますか？

すみれさん：母の妹が結構自分に対して親身になってくれて，母とは仲が悪いのですが，その分自分の大変さをわかってくれます。

支援者：それは助かりますね。結構相談するのですか？

すみれさん：自分から相談するということはないんですけど，時々連絡をもらった時に話したりする感じです。

支援者：そうなのですね。ご家族や親戚以外に，困った時に頼りにできる人はいますか？

すみれさん：彼氏には時々相談に乗ってもらいます。

支援者：そうなんですね。自分の心のうちまで話すことはできますか？

すみれさん：そこまでは話せないです。何か遠慮してしまいます。

支援者：そうなんですね。

- すみれさんのアタッチメント対象は，今のところは0人ですが，恋人，叔母，父親は今後，アタッチメント対象になりうると評価できます。そのため面接に恋人，叔母，父親に来談してもらうことを検討します。
- また，すみれさんは家族について知らないことが多く，家族に面接に来てもらって，情報を付け足すことも検討する必要があります。

## 6-4　服従的・従順的なパターンがあるか？

　服従的，あるいは従順な対人関係パターンには，「いい人」と呼ばれる相手に合わせた対人パターンを取る人，組織や規範に従順な人も含まれるかもしれません。これは自信のなさや他者への不信感が根底にあると考えられます。pp.26-28で説明したように，服従的な対人パターンにより，相手を支配的な立場につかせてしまいます。

　服従的・従順的パターンの場合，適度な自己主張を行うアサーション・トレーニングが重要です。愛着トラウマを持つ人が自己主張できるようになるのは非常に難しいことですが，欠かせません。治療的アセスメントにおいて，支援者が相談者を十分に理解し承認することによって，アサーション・トレーニングを行う土台を作ります。

## 6-5　孤立パターンがあるか？

　「社会的絆の細さ」（pp.12-13）で説明したように，愛着トラウマのある人々は社会的絆が細くなりがちです。私たちの調査では，日本のうつ病患者の特徴として社会的な関わりを避ける人が多いということもわかっています（Kudo et al., 2017）。

　孤立パターンの場合，社会的な関わりを増やすアプローチが必要ですが，非安心型のアタッチメント・スタイルを持つ人たちにとっては非常に難しいことです。社会的な関わりを増やすアプローチは石橋を渡るようにゆっくりと進めます。それを進める土台として支援者との信頼関係が大事になってきます。

## 武さん／20代男性／通常外来での面接

支援者：最近，人間関係で困ったことはありましたか？

> 　人間関係の持ち方について把握するために，最近の困った出来事について具体的に聞くのは有効です。

武さん：仕事を辞める前は結構しんどかったですね。

支援者：仕事を辞める前はどんな感じだったのですか？

武さん：先輩に，「ちゃんと考えてやって」と言われて，自分はちゃんとやっていたのにそう言われて，もう無理ってなっちゃいました。

支援者：というのは，どういう状況でそう言われたのですか？

武さん：結構自分は仕事を振られることが多くて，昼休みも使っていたし，残業もして仕事をしていたんですが，その日は急に資料を提出しなくちゃいけなくなって。でもその仕事はその日が締め切りって言われてなかったので，できあがってなかったんです。そしたら，上司から「ちゃんと考えてやって」と言われて，それから仕事に行けなくなっちゃいましたね。

> 　上司の言ったことを真に受けすぎてしまうのは，エピステミック・トラストの概念で言うところの軽信の可能性があります。

支援者：頑張ってやっていたのに，そう言われたら，どうしたらいいのかわからなくなるかもしれないですね。

> 　支援者は，必死に頑張っていたのに「ちゃんと考えてやって」と言われた時の，相談者の気持ちを承認しています。必要であれば武さんの気持ちを上司に共に伝える覚悟を持った自分事の承認です。

武さん：そうですね。

支援者：その資料はその日出すように言われてなかったからやってなかった
　　　　と先輩に言わなかったんですか？

> 　自分がアサーティブでないことに相談者が気づけるような質問をして
> います。

武さん：言えませんよ，そんなこと。

支援者：どうしてですか？

武さん：そういうことを言ったら，相手から嫌な感情を持たれるかもしれな
　　　　いじゃないですか。

支援者：そうですかね。

武さん：嫌な感情を持たれるリスクはありますよね。

支援者：確かに，リスクはあるかもしれないですね。

武さん：それなら黙っていた方がいいかなって。

支援者：でも武さんはしんどくなってしまったんですよね。

武さん：それはそうなんですけどね。

> 　支援者は，アサーティブでないことにより，今後，うつになったり感
> 情を爆発させたりしてしまうリスクを伝えることを念頭に置きながらも，
> まずは武さんの考えにも一理あると承認しています。

支援者：武さんは，このような時は基本的には何も言わないのですか？

武さん：そうですね。基本的に誰も信用してないですからね。

支援者：どうして信用していないのですか？

武さん：裏切られたら立ち直れないじゃないですか。

支援者：確かに信用してなければ裏切られないですものね。

> 　武さんが他者を信用していないことに関しても，支援者はまず承認し

ています。信用しないことによるデメリットは，武さんの実際の体験を今後振り返るなかで伝えていきます。

武さん：家族とか，よっぽど長く付き合って，大丈夫って思える人以外は疑っています。

支援者：そうですか。でも，武さんがしんどくなってしまうことと関連しそうなので，何か対策を考えられたらいいとは思いますが……

武さん：まあ，そうですけどね。無理じゃないですかね。

支援者：まぁ，じっくり考えていきましょう。

　　武さんには変化したい気持ちはおそらくあるものの，やや投げやりな態度があり，前熟考期と熟考期の間の前熟考期に寄り近い方にいると考えられます。支援者は焦らず相談者のペースで進めることが大事です。

## 7　相談者をよく知る養育者や家族に話を聞く

　相談者のアタッチメント・スタイルが回避型，あるいは恐れ型の場合，面接で多くを語らない可能性があります。そのような場合は，**相談者をよく知る養育者や家族に面接に来てもらって話を聞いて**ください。繰り返しますが，相談者以外の人に面接で話を聞く場合，話してほしくないことはないかを，相談者と事前に話しておくことは非常に重要です。

　相談者の養育者を支援者が直接知ることは，支援者と相談者との距離を縮め，相談者に安全基地を提供することにもつながります。

---

①相談者をよく知る養育者や家族に相談者のことを話してもらいます。

※養育者や家族に聞くこと

• 相談者がどのような生まれ育ちをしたか。

• 養育者や家族が心配していることは何か。

---

※相談者をよく知る家族が複数人いる場合は，必要に応じてそのうちの
何人からでも話を聞きます。

②養育者や家族の話した内容を受けて，それに対してどう思うかを支援
者と相談者で話し合い，相談者の理解を深めます。

## 瑛太さん／20代男性／7回目のセッション（家族へのアセスメント）

（瑛太さんと母親と支援者が同席し，支援者が母親に話を聞く）

支援者：今日は来ていただきありがとうございます。

母親：いえいえ。こちらも助かります。

家族を呼ぶと，呼ばれた家族に喜んでもらえることが多いです。

支援者：瑛太さんに関して，思っていることは何かありますか？

母親：そうですね。大学を休学して復学してからは，どの授業を取れば
いいかなど細かいところまで，電話で手取り足取りサポートして
いたのですが，それでも調子を崩しちゃったから，今はどうサポー
トしてあげればいいのかなと思っています。

支援者：そうだったのですね。休学して復学する前はどうだったのですか？

母親：その前から瑛太は，自分で決められない子だったんですよね。高
校とか大学も私たちが決めた感じで。

支援者：そうなのですね。（瑛太さんに向かって）いかがですか？

瑛太さん：そうかもしれない。

母親：だから，自分で決められるようにならないとダメなのかなぁと思
うところがあるんです。

支援者：そうなのですね。今は家ではご家族とどんな風に過ごされている
のですか？

母親：私から話しかければ答えてくれるのですが，それも必要最低限な
感じで，この子から話しかけてくることはほとんどないですね。

支援者：そうなのですね。（瑛太さんに向かって）どうですか？

瑛太さん：特に話しかけることがないというか。

支援者：前からそうなのですか？

瑛太さん：そうですね。

支援者：お母さんとしては，それについてどう思いますか？

母親：できれば話しかけてほしいですけどね。

支援者：そうみたいですよ。

瑛太さん：話すことがあれば。

支援者：私は今まで瑛太さんにお話をお伺いしていましたが，「決められない」ということは知らなかったので，瑛太さんと今後考えていけたらと思いました。

母親：それは知っておいていただけるといいと思います。

支援者：また，お母さんにお話をお伺いすることもあると思いますが，その時はよろしくお願いします。

母親：ぜひ，こちらこそよろしくお願いします。

　家族に質問することで，相談者から引き出せなかった多くの情報を引き出すことができました。


## 瑛太さん／20代男性／8回目のセッション
## （家族へのアセスメントを振り返る）

支援者：お母さんが，決められない傾向があると言っていましたが，ご自分ではどう思いますか？

瑛太さん：自分が選んだ選択肢が正しいのか考えてしまう。でも，物事には良かった面と悪かった面の両方があるし，その結果をどう考えるかは，自分次第なのかもしれない。

支援者：そう思っているのですね。

瑛太さん：（頷く）

支援者：これまでにどんなことが決められなかったのですか？

瑛太さん：うーん，卒業論文のテーマとか，就職先とか。

支援者：重要なものだと余計に難しいですよね。

瑛太さん：（頷く）

支援者：少しずつ自分で決めるという作業は今後やっていきたいですか？

瑛太さん：できれば。

支援者：それでは何か簡単なものから決めていけるといいかもしれないですね。

瑛太さん：（頷く）

支援者：あと，お母さんに家で自分から話をしないということでしたが，全然話をしないのですか？

瑛太さん：母親に限らず，誰かに話しかけることがほとんどないですね。

支援者：そうなんですね。何か理由はあるのですか？

瑛太さん：ほかの人は，別に自分の話になんて興味がないだろうなと思うし，興味があるなら聞いてくるだろうから。

　　瑛太さんの回避傾向が窺えます。今のところ，他者に思いを打ち明ける価値を認めていません。

支援者：そうなのですね。恋人と付き合っていた時も，自分からは話さなかったのですか？

瑛太さん：そうですね。いつも恋人が話をしていて，それを聞いてるのが好きでした。恋人からたまには話題提供してほしいと言われたけど，何を話したらいいのかわからなかったし。

支援者：そうだったのですね。とすると，自分から聞かなくても，相手の話に興味がある場合もあるのでは？

瑛太さん：あー，まぁそうですね。でも，タイミングもわからなくて。

支援者：そうなんですね。お母さんは，ここでどんな話をしたのか，話してほしいみたいですけど，どうですか？

瑛太さん：そうですよね。でも話せるかなぁ。

　支援者：瑛太さんは，話すことに意味があるのか，まだよくわからないのですものね。

瑛太さん：はい。

　支援者：瑛太さんにとって話すことに意味があるのかは，これから瑛太さんの体験を振り返ったり，これからのことを話すことで，一緒に吟味していきましょう。

瑛太さん：はい。

> 　母親の話から，瑛太さんと支援者の話も深まり，この後さらに他者との関係の持ち方について，話ができました。

## 8　どのようなことに違和感を覚えているかを知る

　愛着トラウマを持つ相談者は，幼少期の家庭において否定や拒絶をされた経験があるため，否定されたり拒絶されたりすることに敏感になっている場合が多いです。そのため，自分自身について打ち明けることに対して，用心深くなっている可能性があります。支援者は，相談者の話すエピソードのなかで，相談者の感情や思考はもっともだと後押ししていく必要があります。

### 8-1　「もやっとした出来事」を挙げてもらう

　対人関係における自分自身の傾向を知るためには，「もやっとした出来事」を挙げてもらうと良いでしょう。自分の感情を語ることがなかなかできない相談者も，「もやっとした出来事」は比較的語りやすいようです。もやっとした出来事，つまり違和感を覚えた出来事は，その違和感を抑圧し表現を抑制してしまうと，トラブルが表面化しない代わりに相手とのずれが解消せず，気分が落ち込んだり体調を崩したりすると言われています（宮本，2003）。

　違和感を覚えたエピソードについて，相手のどんな言動に自分の考えとの

ずれを感じたのかを相談者に話してもらいます。そして，支援者はそのずれをよく理解し，相談者が違和感を覚えるのはもっともだと支援者が後押しします。それが，相談者の尊厳を傷つけるものであれば，相談者が口にできていなくても，支援者はそれに対して，「それはひどいですね」と言葉にすることも必要になります。

セキュア・ボンディングにおいて支援者は，徹底して相談者の世界に跳躍し，相談者の心を大事にする人として接します。相談者の考えや感情を支援者が強く後押しすることによって，相談者は自分の違和感を肯定でき，人に話しても良いものなのだと実感できます。そうすることによって，自分の尊厳を傷つける言動に対して，負の感情を持っても良いのだと言うことが，相談者に伝わります。

相談者の傷ついた心を，相談者のなかの子どもの部分に見立て，「小さな○○ちゃんを大事にしてあげてください」という言葉をかけても良いかもしれません。他者は大事にできるけれど，自分は大事にできない相談者が多いからです。

## 8-2 違和感を覚えたことに共感し承認する

> 表7を使い，日々の出来事で，少しでも心に引っかかったエピソードを相談者に詳しく話してもらいます。つまり，相談者が**理不尽に思ったエピソード，違和感を覚えたエピソード**を話してもらいます。その時の状況，考えたこと，感じたこと，どのように行動したかをできるだけ詳しく記入してもらいます。

相談者が違和感を覚えたことを，そう思うのはもっともだと承認することが大事です。そして，違和感を覚えたのはどんなことを考えたからなのかを明らかにし，その考えも肯定していきます。ただし，「自分が同じ洋服ばかり着ているからいじめられても仕方ない」といった自らの尊厳を貶める思考に関しては，異議を唱える必要があります。

このトレーニングは繰り返し行ってください。それによって、相談者は他者と関わる行動やアサーション・トレーニングを行う基盤を作ることができます。相談者が他者に自分の気持ちを主張するのを後押しするということは、支援者が面接室の中だけでなく、面接室の外でも相談者を承認し続けるということです。

表7は認知行動療法で利用する表と同様ですが、認知を変化させるための表ではなく、相談者の認知を後押しするための表という特徴があります。

表7 状況、感情、行動、認知の表

| 状況 | 思考 | 感情 | 行動 |
|------|------|------|------|
|      |      |      |      |

宮本（2003）が開発した記録用紙には、さらに相手の事情や、相手と自分の違いを考察する枠が設けられています。エピステミック・トラストにおける「軽信」の傾向が強い相談者は、相手の意見を批判的に吟味することが得意ではありません。この表の発展形として、相手の事情や、相手と自分との違いを支援者と共に考えるトレーニングは重要です。そのことが、エピステミック・トラストを育むことになります。


## ゆいさん／30代女性／20回目のセッション

（理不尽に感じたり、違和感を覚えたりした時のエピソードとして、ピラティス教室に通っていた時のエピソードを話してくれた。自分は姿勢が反ってしまっていると先生に指摘されて、「みなさん、ゆいさんは姿勢が反っています。笑いましょう」と言われたという）

| 状況 | 思考 | 感情 | 行動 |
|------|------|------|------|
| ピラティス教室の先生に「みなさん、ゆいさんは姿勢が反っています。笑いましょう」と言われた。 | 私って姿勢が反っていておかしいのかな。でもそんなふうに言わなくてもいいのに。 | 悲しかった。 | その場では、おどおどしてしまった。その後はそのピラティス教室には行かなくなった。 |

（状況，思ったこと，感情，どのように行動したかを語ってもらった後に）
**支援者**：それは辛い思いをしましたね。

> 支援者はまず、その時の気持ちをもっともだと強く肯定しています。

**ゆいさん**：そういうことを言われる人ってあんまりいないと思うんですよね。
　**支援者**：そうですね。
**ゆいさん**：私が姿勢が反っているのがおかしいのですかね。
　**支援者**：姿勢が反ってるって、そんなにおかしくないですよね。

> 「自分がほかの人と違うのか？」という問いに、①ほかの人と違っていないこと、②たとえほかの人と違っているとしても何ら問題ではないことを伝えていきます。

**ゆいさん**：そうですよね。なんか私、そういうことを言われやすい気がします。
　**支援者**：そこでどういう風に返したのですか？
**ゆいさん**：なんかそういう時になると、自分が変だからそういうことを言われたんだって思っちゃうんです。それで何も言えませんでした。
　**支援者**：そう思っちゃったから何も言えなかったのですね。
**ゆいさん**：そうなんです。
　**支援者**：ゆいさんが、何も言わないから、相手が失礼なことを言ってくるという可能性はあるかもしれませんね（Kieslerの対人円環（p.11）

（の説明をする）。

ゆいさん：そうかもしれないですね。

支援者：だからって，失礼なことを言っていいわけじゃないですよね。私はその先生の行動に対して遺憾に思います。

相談者の尊厳を侵す言動には，高いarousalにならずに義憤を示す必要があります。

ゆいさん：そういう時，ちゃんと言えるようになったらいいんですけどね……それがすごく難しいんです。

支援者：どういうところが難しいですか？

ゆいさん：やっぱり，自分が変だと思うと言えなくて。

支援者：どうして自分が変だと思ったのですか？

ゆいさん：先生が「みんなで笑いましょう」と言ったってことは私が変なのかなと。

支援者：先生が言っていることは正しい気がしますか？

ゆいさん：そうですねぇ。でもそんなこと言う方が変という気もします。

　ゆいさんには信じすぎる傾向がありそうです。その場合，相手の意見や態度を批判的に吟味していくことが大事です。それによってエピステミック・トラストを育みます。

支援者：私もそう思いますよ。

　信じすぎる傾向がある相談者が，相手の意見や態度を批判的に吟味できた時は，積極的に承認します。

支援者：ゆいさんが本当に変なのか，あるいは，ほかの人と違っていたらいけないのかどうかについて，一緒に考えてみましょうか。

ゆいさん：はい。

---

　この後，アサーション・トレーニングの説明をします。ゆいさんは，理不尽に思った場面で，どんな言い方や振る舞いを取ることができたかを毎回考えていくことから始めて，少しずつアサーティブな振る舞いができるようになっていきました。

---

## 9　相談者と支援者との関係を探究する

　相談者の人間関係の持ち方や感情，行動のパターンは，相談者と支援者との間にも起こっているはずです。支援者に対する態度を指摘されるのは相談者にとっては刺激にもなるため，急ぐ必要がない課題であれば，信頼関係を構築した後に相談者と検討していくのが望ましいでしょう（9-1参照）。相談者が支援者の態度を悪意のあるものとして捉えた場合は，信頼関係の構築のためにも，その場で検討する必要があります（9-2参照）。

### 9-1　相談者の支援者に対する振る舞い方・答え方

　相談者の支援者に対する振る舞い方や答え方には，相談者の他者に対する態度が表現されています。支援者は基本的にその振る舞い方を尊重していきますが，相談者からの信頼を得て，相談者が自分の特徴を知ろうと思い始めたら，支援者はそれを指摘して，相談者に考える機会を与えられると良いでしょう。

### 瑛太さん／20代男性／40回目のセッション

　支援者：今週はどうでしたか？
瑛太さん：特に。

これまでに40回,「今週はどうでしたか?」「特に」というやりとりを繰り返していました。これまでも指摘すると瑛太さんはいつも,「何も言いたいことがないので」と答えていました。

　　支援者：求人票を見ることはできましたか?

瑛太さん：それができなくて。

　　支援者：そうだったんですね。何か難しかったですか?

瑛太さん：おじさんと筋トレと昼食作りとエクセルの練習をしようという話になって,色々あると思ったらなんかできなくて。

　　支援者：やることがたくさんあって大変だったんですね。

瑛太さん：そうですね。

　　支援者：求人票を見ることについて,今はどうしようと思っていますか?

瑛太さん：時間を決めればできそうなので,決めてみようかなと思ってます。

　　支援者：それはいいですね。どういう風に決めようと思っているのですか?

瑛太さん：午前と午後に1時間ずつ。

　　支援者：何時くらいの時間帯が良さそうですかね?

瑛太さん：9時から10時と,14時から15時くらいがいいかな。

　　支援者：これでできるといいですね。

瑛太さん：はい。

　　支援者：ところで,今週は「求人票を見ることができなかった」など,話すこともあったと思うのですが,はじめに「特に」と答えていましたね。

瑛太さん：そうなんですよね。話すことがあるときも,言えないんですよね。

　　支援者：どうしてですかね?

瑛太さん：うーん。

　　支援者：私が瑛太さんの役になり,瑛太さんが私の役をして,少し練習してみましょうか。

瑛太さん：え?

　　支援者：瑛太さんは「今週はどうでしたか?」と聞き始めてくれればいい

ですよ。

瑛太さん：じゃあとりあえず……

（ロールプレイを行う）

　支援者：どうでしたか？

瑛太さん：なんか今まで，全部話そうとして，何から話してわからなくなっ
　　　　　てたけど，まず言いたいことから話し始めてみればいいのかなと。

　　これまでやったことのないことに取り組む場合，ロールプレイは非常
に効果的です。

　支援者：それは素晴らしい気づきですね。何から話していいかわからなかっ
　　　　　たのですね。

瑛太さん：色々話したいことがあると，ちゃんと伝えられるかなと思ってし
　　　　　まって。

　支援者：そうですよね。でも，今日やってみて，今度からは少し話せそう
　　　　　ですかね。

瑛太さん：やってみます。


## 瑛太さん／20代男性／41回目のセッション

　支援者：今週はどうでしたか？

瑛太さん：週の前半はある程度動けたんですけど，後半はなんかだらけちゃ
　　　　　いましたね。

　　瑛太さんが「特に」ではない回答をしたことを支援者は喜んでいます
が，せっかく出してくれた話題について一通り話してから，そのことを
伝えようと考えています。

　支援者：そうだったんですね。前半はどんなことをしたんですか？

瑛太さん：求人票を少し見て，掃除とかこんにゃく芋を運ぶ仕事や事務とか
　　　　　がありましたね。
　支援者：求人票を見てみたんですね。すごい！　後半だらけちゃったとい
　　　　　うのはどんな感じだったんですかね？

　　これまでの瑛太さんからすると，求人票を見ることができたことは大
　きな進歩です。支援者は相談者の伴走者として，自分事の共感を示して
　います。

瑛太さん：うーん……どういう仕事があるかはわかったんですけど，そこか
　　　　　らどう動いたらいいかわからなくて。
　支援者：そうだったんですね。確かにどう動いたらいいかわからないと，
　　　　　だらけちゃうかもしれないですね。
瑛太さん：（頷く）
　支援者：どう動くか少し考えていきましょうか。
瑛太さん：はい。
（中略）
　支援者：ところで，今日は，「特に」ではなく，ちゃんと答えてくれましたね。
瑛太さん：そうですね。
　支援者：どうでしたか？
瑛太さん：結構良かったかな。
　支援者：それは良かったです。難しくなかったですか？
瑛太さん：思ったより。
　支援者：とりあえず，言いたいことから話してみたんですかね。
瑛太さん：そうですね。
　支援者：続けられそうですか？
瑛太さん：続けてみます。

　　その後「今週どうでしたか？」という質問に，瑛太さんが「特に」と

返すことは一度もなくなり，話したいことを話してくれるようになりました。

## 9-2　支援者の振る舞いが悪意のあるものとして捉えられた時

愛着トラウマを持っている人たちのなかには，他者の行動を悪意のあるものとして捉えがちな人たちがいます（Fonagy et al., 2015）。幼少期に逆境体験をしており，さらにストレス連鎖によっていじめなど対人関係において傷ついた経験も多く，柔軟に視野を広げるエピステミック・トラストを身につけられていないため，無理もありません。

その傾向が強い人は，生きていてとても辛く，孤独を感じているはずです。そして，その傾向が強ければ，支援者との人間関係でも同じことが起こり得ます。支援者にとっても，自分の言動を悪意のあるものとして捉えられるのは苦しいことです。支援者が中立を保ち，個人的な意見や感情表現を避けることで，そのような相談者から責められることを予防できるのかもしれません。しかし，孤独に打ちひしがれている人に必要なのは，人間の温かみです。相談者が言っていることは，相談者のこれまで生きてきた環境を考えれば，理解できることなのです。まず大事なのは，相談者の主張に対する承認です。つまり，「あなたはそう思うのですね」と言うことから一歩踏み出して，「確かに，そう思うのは無理もないですね」という支援者の承認を伝えます。

支援者は，相談者からの発言で動揺したのであれば，少し落ち着くことを優先します。その上で，相談者の主張を理解しようと努めます。支援者の振る舞いが実際に悪意のあるものだったかどうかは，支援者の無意識まで考えるとはっきりとしないものです。ですから，「自分では意識していなかったが，他者からそう見えたのなら，もしかしたらそのような気持ちも無意識のうちにはあったのかもしれない」といったスタンスで臨むと良いでしょう。

## 武さん／20代男性／通常外来での面接

支援者：今週はどうでしたか？

武さん：東京でイベントに参加してきました。

支援者：何のイベントですか？

武さん：自分が応援している歌手のライブがあって。

支援者：そうだったのですね。どうでしたか？

武さん：まぁ，楽しかったです。

支援者：それは良かったです。

武さん：……僕に苛立ってますか？

支援者：え？

武さん：苛立ってるなら苛立ってると言ってください。

支援者：苛立っているつもりはなかったのですが……

武さん：だっていつもと違うじゃないですか。

> 　武さんに指摘される前，支援者は苛立っているつもりはありませんでした。ここで支援者は，「苛立ってません」と反論するよりも，「武さんがそういうならそういう気持ちもあったのかな」と思うスタンスに徹することが大事です。

支援者：私が苛立っているように見えるのですね。

武さん：はい。

支援者：もっと言うと，どういう風に見えますか？

武さん：親のお金でライブになんて行ってるんだって思っているように感じます。

支援者：そうなのですね。そのように思わせてしまって申し訳ないです。

武さん：仕方ないですよね。

支援者：私自身も，武さんにそう思わせてしまったことで，ちょっと動揺しています。

> 支援者が落ち着くためには，その時の気持ちを率直に表現するのもひとつの方法です。

支援者：そういう風に思うことはよくあるのですか？
武さん：そうですね，けっこう。
支援者：そうなのですね。その気持ちについて，少し考えてみましょうか。
武さん：はい。

> 支援者が相談者の主張を認めることで，相談者は自分の捉え方の傾向について考えることができるようになります。

　相談者と支援者との人間関係は，面接の存続に関わる重要なことです。支援者はその背景にある相談者の気持ちに思いを馳せ，相談者の捉え方を一緒に検討するチャンスに変えられると良いでしょう。

---

### コラム

## それは本当に相手の思い込み？

　私が学生の時に付き合っていた人とすき焼きを作って食べた時に，彼は「自分の量が少ない」と，ものすごく腹を立てたことがありました。私は「量は同じだよ！」と主張し，そんなことで怒るなんて理解できないと思っていました。

　そのような時，すき焼きの量だけみれば，量はあまり変わらなかったのかもしれません。しかし彼が言いたかったのは，自分への配慮や気遣いが足りていないということだったのではないかと今になってみれば思います。実際にその頃の私は，夜遅くまで部活動や研究をしていて，彼への関心が薄かったように思います。

　難しいのは，彼は自分への配慮や気遣いが足りないということを言いたくて，すき焼きの量が少ないと主張したわけではないというところです。本人

---

にも自覚はなく，実際にすき焼きの量が足りないと感じたのです。親しい間柄で喧嘩をする時，話が嚙み合わなくなることが多いと思うのですが，実はこのようなことが起きているのではないでしょうか。

　このエピソードから私が言いたいのは，次のようなことです。相談者は目の前の具体的なことについて話していて，支援者はその事実を否定するかもしれませんが，大事なのは，もっと広い視野を持つことです。先ほどの武さんのエピソードの場面で，支援者はその時は相談者に親のお金で良い思いをして……と思っていなかったかもしれません。しかし，これまでの相談者との関わりのなかで，そのような様子を見せたことがあったかもしれません。あるいは彼が親のお金でライブに行っていることを肯定できていない部分があったのかもしれません。武さんはそれを無意識のうちに感じていて，その時に支援者がイライラしているように見えたのかもしれません。

　相談者から自分の態度について意見を言われた時，支援者はすぐにそれを否定しようとせず，何が相談者にそう思わせたのかを考えることが大事です。ひとつの要素としては，愛着トラウマを持つ人々が，他者の意図を悪意のあるものとして捉えがちだということがあります。**しかしそれだけのせいにせず，自分の態度を振り返ることが重要です。**その姿勢が，相談者との信頼関係を築くために欠かせないように思います。

　パートナーとの関係は，支援者と相談者の関係と同じではありませんが，セキュア・ボンディングにおける支援者の態度は，身近な人との関係においても相手を理解する技術として利用できます。

## 第5章

## "冒険"への同伴
### 思いや感情を相談者と一緒に伝える

## 1　ポイント：愛着トラウマと冒険への同伴

　前章で解説した治療的アセスメントで，一通り相談者（クライエント・患者）が自身について理解をしたら，そこで気が付いた自分自身の意見を表現する過程に進みます。相談者は，他者に自分を表現する過程を通して，価値観を育て，他者ではなく，自分自身の規範に従って生きていくことができるようになります。それは，自律性（Autonomy）を高めることです。

　また，愛着トラウマを抱えている相談者が，自分の意思や感情を持って良い，それを表現しても良いという自らのアサーション権（基本的人権）を十分に尊重すべきだと自覚するための過程です。面接では特に，これまで自己主張できなかった相談者が，養育者に対して自己主張するのを手伝います。

　そして，自分が思っていることを伝えた後の相手の反応をみて，自分はどのようにその人と関わるのが良いのかを決めていけるようになるのが目標です。これを養育者だけでなく，ハローワークの職員，学校の教員など，相談者の身の回りにいる人々に対しても行っていきます。

　自分の思っていることを相手に伝え，相手の反応をみて，相手との付き合い方を考える。それは信頼できる人を見抜き，信頼する能力とも言えます。それこそが，相談者が自分の力と他者という資源を同定し，利用していくために必要なことです。その過程は，必ずしも一人で行う必要はなく，誰かと一緒に行っても良いのです。

　そしてこの過程が，相談者が過去や現在の傷やトラウマに決着をつけるこ

とにつながります。

## 2　難しいポイントと成功へのヒント

　愛着トラウマを持つ相談者の養育者との面接を成功させるためには，その養育者の特徴を理解しておくことが大切です。その養育者は，子育てをする時に，子どもは自分とは別の心と人格を持った存在として認めることができていなかったかもしれません。また，自分が常識だと思っている以外の世界を認めることがあまり得意ではなかったかもしれません。

　それでも，多くの養育者は良かれと思って子育てをしてきたのだと思います。子どもが病気になっているのは自分のせいだと責められたら，反論したくなります。ですから親との面接の際は，養育者がどうしてそのような養育をしたのかを支援者（セラピスト・医療従事者）が十分に理解できるよう，丁寧に話を聞くことが大事です。できれば，養育者自身が子どもの頃，どのように育てられたかも含めて聞いていけると良いでしょう。そして，相談者の気持ちを養育者に伝える際も，養育者への労りの気持ちを持ちながら話せると良いでしょう。そうすることによって，養育者が安心して自分の子育てについて振り返り，もしかしたら別のやり方をしていれば良かったかもしれない，今も別の関わり方があるかもしれない，と思えるような話し合いができると良いでしょう。どのくらい養育者が理解してくれるかは，養育者の気持ちのあり方にもよります。相談者が自分の意見を十分に養育者に伝えた結果，養育者が何を言い，どう変わるのかを経験することによって，相談者はこれから養育者とどのように関われば良いかを考えられるようになります。

# 3 安全基地の「外」で生きる戦略

　相談者は面接室の外の世界でも，支援者以外の人と人間関係を持ちながら生きていかなければいけません。そのため，相談者に外の世界で生きる戦略を教える必要があります。

　その最も大事な戦略が，まず自分が思っていることを相手に伝えられることです。それが他者に適切な信頼を持ち，適切な自信を持つ上では欠かせないからです。愛着トラウマを持つ人が自分の本音を口にしない理由はさまざまです。「自分自身の考えや感情は間違っているのではないか，おかしいのではないか」「自分の考えや感情を表現したら，相手に嫌がられるのではないか」，あるいは「自分の思っていることなど，相手には興味がないのではないか」などがあると思います。まずは支援者と共に，そのイメージを吟味します。特に相談者が粗末に扱われたと感じた時に自己主張できる力を身につけることは大事です。

　これまで自己主張していなかった相談者が，それを始めることはとても難しいため，支援者が一緒に行います。養育者を面接に招いて共に意見を伝えていくこと，学校の教師に対して一緒にメールを書くこと，就労支援施設に一緒に電話をすること，などです。

　その結果相手がどのような反応をするのか，どのようなことを考えているのかを支援者と共に理解していきます。その上で，相談者は相手に対してどのようにアクションを取っていけば良いのかを，支援者と共に考えます。その繰り返しです。

　例えば，①養育者に理解してもらいたいことがあれば，養育者が理解できるように工夫をしながら思っていることを伝えていきます。思いつく限りの方法で養育者に伝え，それで養育者がどこまで理解してくれるかを知ることで，これからどのように養育者と関われば良いのかが判断できるようになります。あるいは，②自分が卒業論文を書けるか自信がなくて大学に復学するか否かを決められない時，大学の教員に，「自分は卒業論文を書けるか自信

がなくて大学に戻るかを決められない」ということをまず伝え，教員と具体的な相談をするなかで，まずできることからやってみようという気持ちになり，復学を決められることがあります。さらに，③就労支援施設の職員と電話をし，「自分は就労時間に間に合わないことがある」と伝えたところ，「基本的にはその時間に来てほしい」と言われた時，その就労支援施設が自分に合うかどうかを判断できるかもしれません。

このような練習が，相談者がこれから安全基地の外で生きていくためには必要不可欠です。


## 4　どうして自分の思いを伝える必要があるのかを考える

相談者の不調が，自分の思いを伝えられていないことに起因するのだと理解してもらう必要があります。自分の思いを伝えられていないため，相手がどのような性格か，どのような傾向を持っているのかを理解することもできず，自分がどう判断するべきかわからなくなっていることが実に多くあります。これまで相談者は，自分のアタッチメント・スタイルに従って，誰かに依存的になったり，引きこもりがちになったりすることで対応してきたのでしょう。

したがって支援者は，相談者が現在やこれまで，自分の思いを押し殺し，なかったことにして生きてきたことで，感情が爆発したり，うつになったりとうまくいかなかった事実を振り返る必要があります。「自分が我慢すればいい」と，実際はほとんど成り立たないことを知ってもらう必要があります。

特に，相談者が考えや感情を抑えてしまうのは，誰かに辛い気持ちにさせられた時のことがほとんどです。それは相談者が自分の心を大事にできていないということです。「あなたの心は絶対に大事にしなければいけない」と，支援者は伝えていきます。

ここでは，「私は傷つけられても構わないけど」と言う美佳さんに，「あなたの心を大事にしなければいけない」と伝える例と，自分の心を伝えていな

かったことで感情が爆発してしまい，「自分はダメな人間だ」と思っている
瑛太さんに，自分の気持ちを伝えることの重要性を説明する例を紹介します。

## 美佳さん／20代女性／37回目のセッション

美佳さん：馨くんから，私の知り合いのAさんにイラストをお願いするよう
に頼まれたので，Aさんにお願いして，馨くんに連絡したのに，ずっ
と返信がなかったんです。それがストレスで。

支援者：それはストレスですよね。返信がなくて，どのような気持ちになっ
たのですか？

美佳さん：私が傷つくことは構わないけど，その友達に迷惑をかけたのがす
ごく嫌でした。

　支援者はこの言葉を聞き，自分の尊厳を守るという心理教育を今回行
おうと判断しました。

支援者：そうだったんですね。友達に迷惑をかけるのは嫌ですよね。

美佳さん：はい。それなのに，急にこの前連絡してきて，Aさんの連絡先を
教えてほしいと言われて，お門違いだなと思いました。

支援者：お門違いというのは，もっと言うとどういうことなのでしょうか？

　大事な場面であり，お門違いという言葉だけではよくわからないので，
もう少し話してもらおうとしています。

美佳さん：1カ月，私が何回連絡しても連絡を返してくれなかったのに，急
にAさんの連絡先を教えてほしいというのは……なんか人間とし
て粗末に扱われた気がしました。

支援者：そうですよね。そう感じますよね。

美佳さん：はい。

支援者：先ほど，「私が傷つくのは構わないけど」と言っていましたが，どうして美佳さん自身が傷つくのは構わないのでしょうか？

美佳さん：え？　私が傷つくのはいいけど，知り合いに迷惑をかけるのが嫌だったんです。

支援者：知り合いに迷惑をかけるのが嫌な気持ちは良くわかります。ですが，美佳さんが傷ついてもいいということはないと思いますが？

美佳さん：（少し考えて）確かにそうですよね。なんか自分が傷つくのは構わないというのが口癖みたいになってしまっている気がします。

支援者：そうなのですね。

美佳さん：小さい頃から傷つけられてきたから，自分は傷つけられてもいい存在なんだって思わないとやっていけなかったのかもしれません。

支援者：確かに，傷つけられてきたらそういう風に思うのも無理ないですものね。

美佳さん：そうなんですよね……でも確かに，そう言われてみると，自分が傷ついても構わないというのは違う気もします。

支援者：美佳さんは，虐待の被害者たちの役に立つ仕事をしたいって言っていましたよね。

美佳さん：はい。

支援者：もし美佳さんが自分は傷ついてもいいと言っていたら，被害者の人たちに自分を大事にしてほしいと言っても，説得力がないですよね。

美佳さん：確かにそうですね。

支援者：覚えておいてほしいのは，自分の気持ちを大事にすることが，他の人たちの気持ちを大事にすることにつながるということです。

> これは，相談者の心と境界を大事にする尊厳教育です。「あなたの心を大事にしてほしい」と伝えます。

美佳さん：そうですね。なんか支援者さんの慈悲の心を感じました。

支援者：すみません，熱くなってしまいました（笑顔）。

美佳さん：ただ，どこまでが自分を粗末に扱われたってことになるのかが，よくわからないんですよね。

> 相談者は自分が粗末に扱われるということがわからないと言っていますが，これは愛着トラウマを持つ相談者によくあることです。毎回，相談者に湧き上がった違和感を聞き，支援者が理解できる限り，それはおかしくないと承認することで，相談者は安心して，アサーティブになれます。

支援者：そうですよね。でも，美佳さんが違和感を感じたら，それは表現した方が良いと思います。美佳さんの違和感を大事にしないといけないんです。

美佳さん：（頷く）これから少しずつ相談していっても良いですか？

支援者：もちろんです。


## 瑛太さん／20代男性／42回目のセッション

支援者：これまで，恋人と別れた時のことは話したくないと言っていましたが，瑛太さんは今でも恋人が好きだと言われるし，恋人と別れた自分はダメな人間だとも言われるし，私としては非常に大事な

ことだと思っています。話したくない理由について，教えてもら
　　　うことはできますか？

瑛太さん：なんか，恋人が悪かったという結論にはしたくない，というのが
　　　あるのかな。

　支援者：そうなんですね。では，恋人がどうだったかというより，瑛太さ
　　　んが何かできたのではないかということに関してはどうでしょ
　　　うか？

瑛太さん：それであれば，多分大丈夫だと思います。

　支援者：では，もし途中であまり話したくないと思ったらやめても良いの
　　　で，話せる範囲で話してみましょう。

瑛太さん：はい。

　　　相談者が自分の不得意な部分に関しても受け入れられるようになった
　ため，支援者はこのタイミングでこの話題を始めました。

　支援者：恋人が出かけることが増えて喧嘩になって別れてしまったと話さ
　　　れていましたよね。

瑛太さん：そうですね。

　支援者：もう少し詳しく話してもらえますか？

瑛太さん：恋人と大体一緒に暮らしているような感じだったのですが，ある
　　　時，恋人が友達の家に泊まりに行ったんです。で，僕は特に気に
　　　留めてなかったのですが，後から男の人の家だったとわかって，
　　　恋人に聞いたら，忙しい人だから夜じゃないと話せないからだと
　　　言われて。

　支援者：そうだったのですね。その時はどのように感じましたか？

瑛太さん：うーん，それは違うんじゃないかなと思いました。

　支援者：それは違うというのは？

瑛太さん：あんまり良くないというか。

支援者：あんまり良くないですよね。それでどうしましたか？

瑛太さん：でも，夜しか話せないというから，そうかと思ってそれ以上は何も言いませんでした。

支援者：納得したのですか？

瑛太さん：あまり納得はしてなかったと思うんですけどね。

支援者：そうだったのですね。そのあとはどうなったのですか？

瑛太さん：ある時，また泊まりに行くと言われて。

支援者：その時はどうしましたか？

瑛太さん：「あんまり良くないんじゃない？」と言ったんですけど，結局行ってしまって。

支援者：そうだったんですね……その日は眠れましたか？

瑛太さん：眠れなかったですね。

支援者：眠れないですよね。翌日はどうだったのですか？

瑛太さん：翌日学校に行ったら恋人もなんか遅れてきて，眠いみたいなことを言っていましたね。

支援者：そうだったのですね。そのあとはどうなったのですか？

瑛太さん：でも結局，そのあとは普通に過ごしていました。

支援者：特にその時のことは話さなかったのですね。

瑛太さん：そうですね。でも，また少し経って，また出ていくことになった
　　　　　時に，あまり良くないと思うと伝えたのですが，聞いてくれなく
　　　　　て，「なんでわかんないんだよ！」と自分がキレてしまって。そ
　　　　　れでも恋人は行ってしまって。その後，自分から，「もう一緒にやっ
　　　　　ていく自信がなくなったから別れよう」と言って別れました。
　支援者：そうだったのですね。それは本当に大変でしたね。

　　　支援者は瑛太さんの立場に共に立って痛みを感じつつ，今，支援者に
　打ち明けている瑛太さんの気持ちに心を馳せています。

瑛太さん：（うつむいている）
　支援者：恋人と別れてから，瑛太さんはご自分のことをどういう風に思っ
　　　　　てらっしゃるのですか？
瑛太さん：感情をコントロールできない人間だと思います。
　支援者：恋人にキレてしまったからですか？
瑛太さん：（頷く）
　支援者：どうしてキレてしまったのだと思いますか？
瑛太さん：自分の気持ちをわかってもらえなかったからですね。
　支援者：そうですよね。

　　　キレてしまった時の瑛太さんの気持ちを承認しながら面接を進めます。
　それは，もし必要であれば，その気持ちを一緒に恋人に伝えることもで
　きるという覚悟を持った承認です。

　支援者：どんな気持ちをわかってもらいたかったのですか？
瑛太さん：行ってほしくない気持ちですかね。
　支援者：その気持ちはどのくらい伝えましたか。
瑛太さん：どのくらい伝えたかな……
　支援者：その気持ちはどのくらいわかってほしかったですか？

瑛太さん：結構わかってほしかったですね。

　支援者：そうですよね。

> 　わかってほしかった瑛太さんの気持ちを承認しています。

　支援者：感情が爆発してしまうのは，自分の感情を抑え続けていた時が多
　　　　　いです。特にどうしてもわかってほしいのにわかってもらえない
　　　　　時，怒りが出てくるのは自然なことです。

> 　これは，アンガーコントロールの心理教育でもあります。つまり，き
> ちんと自己主張することが，怒りのコントロールになることを知っても
> らいます。

瑛太さん：（頷く）

　支援者：大事なのは，自分の気持ちを相手の気持ちに配慮しながらもきち
　　　　　んと伝えることです。

瑛太さん：（頷く）

　支援者：今回の場合，男性の家に夜行くのは良くないことだと伝えたけど，
　　　　　瑛太さんがどのように感じて，どう思っているのかを伝えきれて
　　　　　なかったのではないでしょうか？

瑛太さん：そうかもしれない。

　支援者：きちんと伝えていたら，彼女は行かなかったかもしれないし，あ
　　　　　るいはそれでも行ってしまったかもしれないけど，瑛太さんがキ
　　　　　レることはなかったかもしれません。

瑛太さん：（頷く）

　支援者：そのあたりはどう思いますか？

瑛太さん：確かにそうかもしれないと思う。でも，自分の気持ちを表現する
　　　　　のが苦手で……

　支援者：そうですよね。以前は，自分の気持ちを伝えるのが大事と言われ

ても，いまいちその必要性がよくわからないと言っていました。

瑛太さん：そうですね。これまでにも自分の思っていることを伝えるのが大事だと言われたことが何度かありましたが，別に相手は知りたくないだろうとか，知りたかったら聞いてくるだろうとか思っていました。でも，今日話を聞いて，必要なこともある気がしてきました。

> 瑛太さんにエピステミック・トラストが十分に備わっておらず，これまで他者の意見を十分に吟味し，自分のものとして咀嚼することができていませんでした。しかし，自分の体験を通して人に自分の気持ちを伝えることの重要性を理解したことで，他者の意見をよく考えることができるようになっています。

支援者：では，自分の気持ちを表現することを一緒に練習していきましょうか。

瑛太さん：はい。

> 相談者の具体的なエピソードを通して，自己主張の必要性を理解し，練習を行うのが最も効果的です。

## 5　思っていることを支援者と共に他者に伝える

　まず，誰にどんなことを伝えたいか，聞いてみたいかを整理します。それには十分な時間をかけて，相談者が思っていることに対して支援者が共感し承認しながら整理できると良いでしょう。

　養育者や身近な人にこれまでの傷や現在の関わりで辛いことを伝えたい場合は，その人に面接に来てもらいます。そして養育者がどのような思いや状況で相談者を育ててきたか，パートナーであればどのような思いで相談者と

過ごしてきたかを聞くことから始め，支援者と相談者が，その相手を理解することを試みます。さらに相手をよく知るためには，養育者や身近な人が幼少時にどのように過ごしてきたかを知ることも良い方法です。

その上で，支援者と相談者で，養育者や身近な人に伝えたいことや聞いてみたいことを話します。事前に，どのように伝えれば良いか，支援者と相談者で話しておくと良いでしょう。特に，これまでは，言うと喧嘩になる，怒られる，傷つけてしまうなどの理由から，養育者に言えずに心に溜め込んでいたことや，現在の養育者の態度で相談者が傷ついていることがあれば，それらを伝えられると良いでしょう。アサーティブな伝え方を学んでおくことも大事です。

そして，支援者から口火を切り，相談者に口添えをしてもらう方法が良いでしょう。そして何回かに分けて，相談者が十分に伝えたと思える程度に伝えていきます。

面接に来てもらうのが難しい人の場合は，その人についてこれまでわかっている情報を整理した上で，どのような手段でどのように伝えればいいかを支援者と相談者で相談します。メールを一緒に書くのも良いですし，直接話すのであれば，どんな場面でどのように話しかけるのかということから始め，一言ずつ，具体的に考えていくことをお勧めします。そのような場合，ロールプレイをするのも良いでしょう。

## ゆいさん／30代女性／30回目のセッション

（まず，支援者とゆいさんで，養育環境において辛かったことや現在の養育者との関係で辛いことを整理します）

**支援者**：これまで育ててもらってきたなかで，辛かったのはどんなことでしたか？

**ゆいさん**：小学校の時は，スポーティな格好をさせられたのが嫌でした。私はもっとガーリーな服が好きなのに，男の子っぽい服ばかりだったんですよね。母親は運動をするのが大事だと考えていたみたい

です。私はそんなに運動が得意じゃないのに，難しいアスレチックとかやらされたり，中学校の時の部活も，吹奏楽部に入りたかったのに，テニス部に入らされたりしました。

支援者：それは大変でしたね。

ゆいさん：あとは，風邪を引いても学校を休ませてもらえないのは辛かったですね。熱が出てても微熱だったらいけると言われて。

支援者：そうだったんですね。お母さんには言わなかったんですか？

　辛かった出来事に対して自己主張できているかは，できるだけ確認し，相談者が意識できるようにします。

ゆいさん：言えなかったですね。なんか母はいつも一生懸命だったから悪い気がしちゃって。

支援者：それはゆいさんが大変でしたね。

　他者を気遣い，自分の気持ちを大事にできていない時は，必ず指摘します。

ゆいさん：そうですかね。でも確かに思い出すだけでも辛いです……（涙を流す）テニス部では仲間外れにされたこともあって，それを母に言ったら，「ゆいが何か変なことしたんじゃない？」と言われて，二重に傷つきました。

支援者：それは傷つきますよね。

　支援者は，傷ついたということを承認しています。必要であれば，それを母に一緒に伝える覚悟を持った承認です。

支援者：ゆいさんが，何かあった時，自分が悪いんじゃないかとか自分が変なんじゃないかと思いがちなのは，そういうことも関連してい

るのでしょうか？

ゆいさん：そうかもしれないですね。「ゆいが何かしたんじゃない？」と何
　　　　　度も言われたことがあるので。

　支援者：そんななか，よく頑張ってきましたね。

ゆいさん：そう言ってくださって，ありがとうございます。

　　相談者がこれまでの辛い思いを語ってくれた時には，これまで相談者
　が生きてきたことへの敬意を示します。親にも何か理由があったのだろ
　うと想像しながらも，相談者は辛かっただろうと心を痛めるような感覚
　を研ぎ澄ませます。ここで「親にも何か理由があったのでは？」と相談
　者に気づかせようとする態度は，相談者に「わかってくれている」感覚
　を生みません。むしろ，相談者の親は相談者への愛情を持っていたと支
　援者が信じていることが重要で，それが親への敬意につながります。こ
　れもまた，「親は子に対して愛情を持っているはずだ」と盲目的に信じ
　る態度ではありません。もしかしたら愛情はなかったかもしれないと感
　じさせられる時には，相談者と共に悲しみを覚えるような心の構えを心
　がけます。

## ゆいさん／30代女性／31回目のセッション

　支援者：今，お母さんとの関係で辛いのはどんなことですか？

　　このセッションでは母親のことを聞いていますが，父親のことも必ず
　聞くようにします。

ゆいさん：母に，もっとちゃんと主婦をやるように言われるのが辛いですね。

　支援者：どのように言われるのですか？

ゆいさん：例えば，冷凍のハンバーグを買おうとしたら，ハンバーグはひき
　　　　　肉と玉ねぎから作るものでしょ，と言われたり。

支援者：冷凍のハンバーグ，ダメなんですね（笑）。

ゆいさん：私はいいと思うんですけど，母は「小さい頃作ってあげたでしょ」と言うんです。

支援者：小さい頃作ってもらってどうでしたか？

ゆいさん：それが全然覚えてなくて。本当に作ってもらったのかなぁという感じです。

支援者：ハンバーグを最初から作るのは大変ですよね。

> 相談者の考えを承認しています。

ゆいさん：そうですよね！　私は，料理に疲れてしまうよりは，夫と元気に話せた方がいいんじゃないかって思うんです。

支援者：それはそうですよね。

ゆいさん：母は，たかしくん（ゆいさんの配偶者）が絶対我慢してるって言うんです。

支援者：たかしさんは我慢してるんですかね？

ゆいさん：何回か夫に聞いてみたことがあるんです。「もしかして，我慢してる？」って。そしたら，「全然我慢してないよ」って言うから，母に「聞いてみたら我慢してないよって言ってたよ」って伝えたんです。でも，「いや，本心では絶対我慢してる」って言って。

支援者：たかしさんのことは，ゆいさんの方が知ってるはずですよね。

> 他者の意見を聞き，それについて吟味することは重要です。しかし，吟味してもなお，自分の主張が正しいと思えれば，相談者がその意見を持ち続けられるよう，支援者は援助します。

ゆいさん：そう思うんですけどね。

支援者：でも，お母さんから言われると気になっちゃいますか？

ゆいさん：そうなんですよね。

> 相談者が自分の意見を持ち続けられないことについて，相談者と共に考えます。

## ゆいさん／30代女性／32回目のセッション

次のセッションでは，養育者がどのような思いで相談者を育ててきたかを整理します。

ここではゆいさんの希望で，相談者抜きで養育者と支援者が話をしていますが，この構造には注意が必要です。相談者が自分がいないところで何を話されたのだろうと不安になることが考えられるからです。この形式で面接を行うのであれば，何を話して何を話さないかを相談者と事前によく協議します。さらに，養育者に対しても，ここで話した内容は基本的に相談者にも伝えることを承諾してもらう必要があります。

支援者：今日は来てくださってありがとうございます。

母　親：いえいえ，いつもゆいがお世話になってます。

支援者：今回はゆいさんと一緒にお母さんとお話しすることを考えたのですが，ゆいさんが自分がいない方が母は話しやすいだろうということで，お母さんとだけ会わせていただくことにしました。

母　親：そうなんですね。

支援者：今日話したことは，基本的にはゆいさんにもお伝えしようと思っていますが，大丈夫ですか？

母　親：はい，大丈夫です。

支援者：ありがとうございます。途中，何か気になることがあれば，何でも言ってくださいね。

母　親：はい。

支援者：ゆいさんに関して今，心配なことはどんなことですか？

母　親：今は，私とゆいの夫としか交流してないので，もっと友達と交流したり，軽くでもいいから仕事をしたりできるようになってほしいと

思うんです。

支援者：それはそうですね。ゆいさんも仕事ができたらという目標があるみたいですよ。

　母親：そうなんですね。

支援者：ゆいさんの今の状態は，子どもの時のことと関連があるかもしれないので，ゆいさんをどのように育てられたか，少しお聞きしたいのですが，よろしいでしょうか？

　母親：あ，はい。大丈夫ですよ。えーっとですね，私は長女で「お姉ちゃんなんだから」と言われてきたので，ゆいにはそれは言わないようにして育ててきましたね。やりたいことはやらせてあげたつもりです。夫は仕事が忙しかったので，大体私一人でやってました。

支援者：大変ではなかったですか？

　母親：大変でしたけどね。でも皆さん大変だと思うので。

支援者：お母さんご自身はどのように生まれ育ってこられたのですか？

　母親：私ですか？　良い子ども時代でしたね。3人姉妹の長女で，両親とも共働きだったので，家事は子どもたちがしていました。

支援者：家事をするのは大変じゃなかったですか？

　母親：別に大変ではなかったですね。

支援者：学生時代はどのように過ごしましたか？

　母親：小学校時代は友達がいて楽しかったです。

支援者：中学校の時はどうでしたか？

　母親：中学校時代はテニス部が楽しかったですね。

支援者：小中学校時代に何か困ったことなどはありませんでしたか？

　母親：特になかったです。

支援者：高校，専門学校はどうでしたか？

　母親：その時代も友人と楽しく過ごしました。

支援者：卒業してからはどうでしたか？

　母親：卒業後スーパーで勤め，その後は個人で内職をしていました。

支援者：結婚はいつされたのですか？

母親：29歳の時に結婚しました。

支援者：ゆいさんのお父さんとはどのような形で知り合ったのですか？

母親：知人の紹介ですが，そこまで個人的なことも必要ですか？

支援者：お父さんとお母さんのことは，ゆいさんにとって非常に重要なので
伺いました。あまり聞きすぎても失礼ですので，このあたりで大丈
夫です。

> 母親はあまり笑顔を見せず，緊張した面持ちであり，支援者が質問し
> にくい雰囲気でした。支援者は，あまりにも良いこども時代を過ごし，
> 良い母親をしてきたという言葉に違和感を覚えましたが，肯定的な受け
> 答えをしました。

## ゆいさん／30代女性／33回目のセッション

次に，支援者と相談者で，養育者がどのような考え方をし，どのように感
じる人なのかを理解します。

ゆいさん：母はどうでしたか？

支援者：お母さん，結構緊張されていました。とても良い子ども時代を過
ごしたと話していました。

ゆいさん：わかります。母は，なんか周りによく見せたがるというか。

支援者：そうなんですね。お父さんとの関係などは，聞いちゃいけない雰
囲気がありました。

ゆいさん：そうですね。だから私も父のことを母に話せてないのかもしれま
せん。

支援者：お母さんに聞いてみたいことはありますか？

ゆいさん：「母は父と一緒でいいんだろうか？」と思うんです。自分だった
らああいう夫とは一緒にいたくないので。

支援者：どうしてお母さんはお父さんと一緒にいるのだと思いますか？

ゆいさん：普通だと思われたいんじゃないかなぁ。特に自分の母親には良い生活を送っていると思われたいみたいで，おばあちゃんが亡くなるまではこのまま変わらない気がします。

> 母親と密着している相談者が，母親にどのような傾向があるのかを考えられるようになるのは非常に重要です。支援者は，この作業を促していきます。

支援者：だとすると，お母さんも大変ですよね。

ゆいさん：そう思います。でも強い人だから。

支援者：そうなんですね。お母さんに伝えたいことは何かありますか？

ゆいさん：父とのことを聞きたいです。本当にこのままでいいのか聞きたくて。

支援者：一緒に聞いてみますか？

ゆいさん：本当はその方が良いとは思いますが，まだちょっと勇気が出なくて，支援者さんから聞いてみてもらっても良いですか？

支援者：じゃあ，今回はそうしましょうか。

ゆいさん：お願いします。


## ゆいさん／30代女性／34回目のセッション

ふたたび母親とのセッションで，養育者がどのような思いで相談者を育ててきたかを整理します。

支援者：前回はありがとうございました。

母親：いえいえ。

支援者：今日は，ゆいさんがお父さんとお母さんのことを心配されているということもあり，ゆいさんのお父さんとのことを少しお聞きしたいのですが，大丈夫でしょうか？　もちろん，言いたくないことは言わなくて全く構いませんので。

母親：はい……ゆいが心配してるんですか？

支援者：そうなんです。ゆいさんは，お母さんが，お父さんのことで相当我慢してるんじゃないかと言っていました。

母親：ゆいがそんなことを考えているんですね。私は大丈夫ですよ。

支援者：はい。「お母さんは強いから大丈夫っていうと思うけど」と言っていました。

母親：そんなに強くないですけどね（笑）。

支援者：以前，ゆいさんが小学校の時，お父さんに殴られたことがあるんじゃないかと心配していました。

母親：ゆいがそんなことを言ったんですね……（涙を流す）……実は……（夫に殴られた時のエピソードを詳しく語る）

支援者：そんなことがあったんですね。

母親：そうなんです。

支援者：ゆいさんは，お母さんはどうしてお父さんと一緒にいるんだろうと言っていましたが，そういう状態でも別れることはあまり考えなかったですか？

母親：考えたことは何度もあったんですけどね。でも私一人では経済的にやっていけると思えなかったし，自分の親にも迷惑をかけたくなかったから。今の人たちは離婚することもよくあると思うんですが，私たちの世代ではそういうことはあまりなかったですし。

支援者：そうですよね。でも，お母さんだからこそ務められたのかもしれませんね。

> 相談者に対するのと同様に，相談者の家族が辛いことを話してくれた時には，逆境を生き抜いてきたことに対して敬意を表します。

母親：いえいえ。

支援者：そのおかげでゆいさんと弟さんは，経済的に困らずに生活できたのですものね。

母親：そうですね。それはそうだと思います。

> 　ここでは，母親が離婚しなかったことで経済的に困らずに生活できたこと，そしてそこに込められた親の思いを後押ししています。親の事情を理解して聞くことで，親が安心して話をしてくれるという効果が期待できます。しかし，相談者を育てるなかで相談者が辛い気持ちになった場面の話については注意が必要です。親は自分の行動を承認してもらった気分になりますが，その結果，相談者は支援者に理解してもらえていないと感じ，信頼関係を壊す結果になることもありえます。そのため，親の行動を認める言動は慎重に行います。

支援者：今は，ゆいさんのお父さんと二人で生活されていて，いかがですか？
　母親：なんか割り切ってしまっていて。以前，もっと関係を良くしようと思っていた時は辛かったのですが，今はいい意味で諦めてしまったので，そんなに関わらずに過ごしていて，なんとかなっていますね。この歳になって，何か変化を起こす方が大変ですし。
支援者：確かに，これから行動するとなると大変ですよね。
　母親：私は見栄っ張りなんだと思います。親や周りに心配かけたくないというか。
支援者：そういう気持ちも大事ですよね。でも，頑張りすぎてしまいそうなので，あまり無理しすぎないでくださいね。
　母親：ありがとうございます。

## ゆいさん／30代女性／35回目のセッション

　ふたたび，支援者と相談者で，養育者がどのような考え方をし，どのように感じる人なのかを理解します。

ゆいさん：母はどうでしたか？

支援者：お父さんとのこと，話してくれましたよ。やっぱりお父さんに殴
　　　　られたことがあって，大変だったみたいですね。

ゆいさん：やっぱりそうなんですね。母がかわいそうです。

支援者：そうですよね。でもお母さんは，今は割り切ってるから大丈夫だ
　　　　と言ってました。

ゆいさん：そうなんですね。やっぱり別れないんですね。

支援者：お母さん，自分は見栄っ張りだからとも言ってました。

ゆいさん：私たちのために別れないのかなとも思うんです。親が離婚してい
　　　　ると世間体が悪くなることを気にして。

支援者：そういう部分もあるかもしれないですけど，でも結局は，お母さ
　　　　んが自分にとって一番良いからそうしてるんだと思いますよ。

ゆいさん：まぁ，確かにそうですよね。私自身は，別に別れてもらってもい
　　　　いわけですしね。

　　親がどのような人なのかを自分との違いを含めて理解することが，相
談者の自律性を育むことにつながります。過保護な親の場合，親の行動
は子どものためでもありますが，親自身のためであることを知ってもら
うのが大事です。

支援者：ところで，お母さんに普通であることを求められるのは辛いとい
　　　　うことは伝えられそうですか？

ゆいさん：それは言いにくい……

支援者：どうしてですかね？

ゆいさん：なんでだろう。母が辛いなかで頑張っているので言えないのだと
　　　　思います。

支援者：ですが，お母さんがお父さんと一緒にいるのは，自分のためであっ
　　　　て，それをゆいさんが背負わなくても良い気もしますよ。

ゆいさん：そうなんですかね。母がかわいそうと思っちゃって……でも，私の夫が我慢してるって母の思い込みで言われるのは辛い，というのは伝えられたら良いと思います。

支援者：それはいいですね。自分で言えそうですか？

ゆいさん：うーん難しいけど，支援者さんが言ってくれたら，その場にいるくらいならできると思います。

支援者：じゃあ，そうしましょうか。

ゆいさん：はい。


### ゆいさん／30代女性／36回目のセッション

支援者と共に，養育者に相談者の思いを伝える。

支援者：（母親に対して）今日も来ていただき，ありがとうございます。今日は少しご相談したいことがあります。

母親：はい。

支援者：お母さんは，たかしさんがゆいさんに対して絶対我慢していると言われると伺いました。ゆいさんは，お母さんがどうしてそう思うのか聞いてみたいと言われていて。

母親：あ，そうなんですね。（ゆいさんに対して）え，なんか気にしてたの？私はちょっとした気持ちで言ってただけなんだけど。

ゆいさん：うん，（おどけた感じで）私，繊細だから。

母親：私たちの世代だと夫に対して三食しっかり作るのが当然で，お昼

は仕事ならお弁当を作るのが常識なので，ゆいがちゃんと作らなくていいのかなと思ってしまうんです。

---

親の考えを明確にしています。

---

**支援者**：そうなんですね。やっぱり食事の内容もちゃんとしてないと……と思いますか？

**母親**：そうですね。お惣菜とか冷凍食品とかはいけない気がします。

**支援者**：そうなんですね。

**母親**：でも，今の若い人たちはそうでもないんですかね。

**支援者**：今の若い人たちとお母さんたちの世代で違う部分もあるのかもしれないですね。お惣菜とか冷凍食品だと配偶者に悪い気がするのはどういう理由からですか？

**母親**：なんか怒り出しそうな気がして。たかしくんは優しいけど，男の人って，突然怒り出すから。

**支援者**：配偶者が突然怒るのが怖いと思ってらっしゃるんですね。

**母親**：そうですね。

---

親の考えをさらに明確にしています。

---

**支援者**：ゆいさんが突然怒られたからかわいそうだから，たかしさんに我慢させないように言われたのですか？

**母親**：そういう気持ちもありますね。

**支援者**：そうなんですね。ゆいさん，どうですか？

**ゆいさん**：（母親に対して）たかしくんは私に対して突然怒るということは今までに一度もないから，そういうことはないと思うけど。

---

ちゃんと伝えられるか自信がないという相談者も，支援者から口火を切ると，大抵自分の言葉で話すことができます。

---

母親：確かに今まではないかもしれないけど，男の人はわからないから。

ゆいさん：確かにうちの父親はそういう部分があるかもしれないけど，私の夫は大丈夫だと思う。

母親：まあ，大丈夫ならいいんだけど。

支援者：（母親に対して）ゆいさん，たかしさんが我慢してるんじゃないかってお母さんに言われるのが，気になってしまうみたいで。

母親：たかしくんは大丈夫みたいだから，あんまり言わないようにしようと思います。

ゆいさん：世代の問題なのかもしれないよ。

母親：そうね。

> 親がどのような理由で，そのような行動や言動を取っていたかを知ることで，相談者は親の行動や言動の意味を考えられるようになります。

### 美佳さん／20代女性／36回目のセッション

支援者：今日は来ていただいてありがとうございます。

兄：いえいえ。

支援者：美佳さんは長く心に引っかかっていることがあるようで。

兄：はい。

支援者：美佳さん，話せそうですか？

美佳さん：はい。子どもの頃，子どもたちだけで2階で寝てたでしょ？

兄：うん。

美佳さん：その時，私の体を触ったよね？

兄：うーん，ちょっと覚えてないけど……

美佳さん：覚えてないの？

兄：でも，美佳がそう言うなら，もしかしたら触ったのかもしれない……

支援者：（美佳さんの方を見て）美佳さんは謝ってほしいんですよね？

美佳さん：（頷く）

　　兄：あぁ……。嫌な思いさせて悪かったなと思う。ごめんね。

美佳さん：（黙っている）

　支援者：（しばらく経って）美佳さんは，何か伝えたいことはありますか？

美佳さん：今は特に。

　支援者：お兄さんの方から何かありますか？

　　兄：自分としては，美佳が病院に通っているのは心配していて，でも
　　　　自分にも原因があったのだとしたら，本当に悪いなと思います。

　支援者：美佳さんは，本当に大変な思いをしていると思います。

美佳さん：（涙を流す）

　支援者：（兄に対して）今日は，おそらく病院に足を運ぶのもあまり気が
　　　　進まなかったのではないかと思います。そのようななか，来てい
　　　　ただき本当にありがとうございました。

　　兄：（会釈をする）

　支援者：美佳さん，お兄さんには，退席してもらっても大丈夫ですか？

美佳さん：はい。

（兄に退室してもらう）

　支援者：お兄さんに話してみてどうでしたか？

美佳さん：覚えてないわけないじゃんって思ったんですけど，でも謝ってく
　　　　れたからよかったなとは思います。

　支援者：そうですね。話してみて，不安なことはないですか？

美佳さん：たぶん大丈夫かな。

　支援者：お兄さんは覚えていないようなことでも，美佳さんにとっては本
　　　　当に大変なことでしたよね。

美佳さん：はい。

　支援者：よく頑張って伝えましたね。

美佳さん：言ってよかったとは思います。

　支援者：それはよかったです。

ここでは，感情だけでなくエピソードも含めたリアリティに支援者が共感し承認しています。虐待の加害者と被害者の同席は，被害者の安全が十分保てることが保証された上で行うのは言うまでもありません。この例では，美佳さんと兄は別居していました。美佳さんや母の話からも，支援者から電話した際の兄の印象からも，面接の後に美佳さんに兄が危害を及ぼす可能性は極めて低いと判断して，面接を実施しました。美佳さんは兄に思いを伝えられたことで，やり残した仕事に区切りをつけることができました。この回は美佳さんが変化の準備を完了させる大きなステップとなり，強い男性恐怖から回復する契機となりました。

## 6　相手の反応を通して相手を理解し，<br>　　その相手とどう関わるかを考える

　これまで自分の思いを伝えていなかった相談者が，相手に思っていることを伝えられると，それに対して相手がどのようなことを思っているかを知ることができます。

　養育者と面接を行った場合，その内容を通して，支援者と共に養育者がどんな考えを持った人なのかを理解していきます。そして相談者は，養育者自身の考えが普遍的なものではなく，養育者固有のものであり，自分は必ずしも同じ考えを身につける必要はないと感じることができるようになっていきます。

　養育者との関係で辛く思っていることを養育者に伝えた場合，養育者の状況も理解しながらアサーティブに伝えられていれば，養育者も面接のなかで大抵理解してくれます。そして，変わることができる部分は変わってくれることもあります。しかし，それほど変われない部分もあります。養育者に適切かつ十分に考えを伝えても養育者が変わらなかった時，相談者はこれ以上養育者に求めても仕方ないと，良い意味で諦めることができます。そして養育者自身を変えようとするのではなく，自分自身が変わっていこうと思える

のです。

　面接以外で，他者に一緒に相談者の気持ちを伝えられたら，相手の反応を報告してもらい，それに対してどう振る舞うかを支援者と共に考えます。友人にアサーティブにメールで思いを伝えてみた結果，「ごめんね，気がつかなかった」と言って，相談者に対して敬意のある態度で接してくれたら，今後も付き合っていけるでしょう。しかし，そのメールに返信が来なかったり，そのことに対するコメントがなかった場合は，もしかしたらその友人とはできる限り関わらない方が良いかもしれません。どのような人と関わり，どのような人たちの近くで過ごすのかということも，共に話し合うべき重要な課題です。先に示したように，愛着トラウマを持つ人は，本人の意思とは無関係に，支配的な人が近くに寄ってくる可能性があります。相談者が一緒にいて心地よい人を自分自身で選び，その人たちと過ごせるようにする援助も重要です。

　相手を理解するためには，エピステミック・トラストが必要です。自分の思いを伝えた後の相手の反応を通して相手を理解するため，自分の思いを伝えていない場合よりは相手を理解しやすくなっています。しかし，不信感や軽信の傾向が強い人は，それでもなお，他者を理解することが難しい場合があります。その場合は，この過程に時間をかける必要があります。


## ゆいさん／30代女性／37回目のセッション

　支援者：前回，お母さんと話してみて，どうでしたか？

ゆいさん：ああいう風に話したことがなかったからどうなるかと思ったけど，話せて良かったです。

　支援者：何か感じたことはありましたか？

ゆいさん：やっぱり，父と夫は全然違っているし，母とは世代も違うんだなと思いました。

　支援者：そうですね。

ゆいさんは，なんでも母親の意見に従うのではなく，少し自分で考えてみる生き方を選ぼうと考え始めています。

ゆいさん：母が，夫が我慢してると言ったのは，キレられたら私がかわいそうだからと思っているというのもわかって良かったです。

　支援者：そうですね。思っていることを伝えるのはとても大事かもしれないですね。

ゆいさん：少しずつ，私もアサーティブに伝えられるといいなと思います。

　支援者：そうですね。お母さんが言っていることも本当にそうかなと自分で考えられると良いですね。

ゆいさん：そうですね。そういえばこの前，母親に「料理のレパートリーを増やした方が良い」と言われて，料理教室に通おうと思っていたら，母親に料理教室よりテレビの料理番組を見た方が良いと言われたんです。でも，もう少し自分でネットを使って調べてみようかなと思っています。

　支援者：それはとても良いことですね。

ゆいさん：そうですよね。

　親の考え方と相談者の考え方のどちらが合っているかより，相談者は親の考え方とは違うと気づけるように援助します。

### 美佳さん／20代女性／41回目のセッション

美佳さん：あのあと，馨くんから「ごめん」と返信が来ました。でも，「わかってくれればいいよ」と返して，「イラストをお願いする件はどうする？」と聞いたら，また返事が来なくなってしまいました。

　支援者：そうだったんですね。

美佳さん：なんかちょっと辛いです。

　支援者：どういうところが辛かったですか？

美佳さん：私は馨くんはいい人だと思っていたかったんだと思います。周り
　　　　　にはひどい人が多かったけど，彼だけは違うと思っていたかった。
　支援者：ひどい人ばかりだったら，一人でもいい人がいてほしいと思いま
　　　　　すよね。
美佳さん：はい。
　支援者：その返信の仕方だと，やっぱり粗末に扱われている気がしてしま
　　　　　いますよね。
美佳さん：はい。私が見ていた彼は，虚構だったのかも知れません。
　支援者：なんか辛くなりますね。泣きたくなります。
美佳さん：私もです。

　　支援者は，一般的な共感では，そうされたら悲しいですよね，と表現
します。ですが，支援者は美佳さんが何年も馨さんのことだけは信じて
きたことを知っています。支援者は自分が大事に思う美佳さんが馨さん
に裏切られるような形になったことを悲しみ，それを表現しています。
これは自分事の共感です。

　支援者：虚構でいいから見ていたい時ってありますよね。
美佳さん：そうですね。でも，ずっと虚構を見ていても仕方ないとは思いま
　　　　　す。だから気づいたことは後悔していません。
　支援者：それなら良かったです。私は，美佳さんを大事に扱ってくれる人
　　　　　と一緒にいてほしいと思ってます。
美佳さん：そういう人がいますかね……
　支援者：いると思いますよ。
美佳さん：そういう人を見つけられるかはまだわからないのですが，でも人
　　　　　に頼らず，自分で生きていけるようにならなくちゃ，とは思いま
　　　　　した。
　支援者：それは大事なことですよね。
美佳さん：はい。

美佳さんに，自分を粗末に扱う人とは付き合わずに生きていこうという強さが芽生えています。馨さんが美佳さんを軽んじたわけではない可能性もありますが，支援者はその可能性を指摘するよりも，軽んじられて悲しんでいる美佳さんの思いに身を寄せます。そのことで，美佳さんは悲しみを共に背負う仲間を得ることができます。

　この過程を経ることで初めて，馨さんが美佳さんを軽んじたわけではない可能性について，いつの日か美佳さんが考える余地を与えます。

　美佳さんのように，自立が重要だと感じた人にとって，その後に重要なのは，社会のなかで他者と関わり，自分を大事に扱ってくれる人と関わるようにしていくことです。

## 7　これまでの面接を振り返る

　終結の時点で，特に他者への適切な信頼と適切な自信について，本人が気づいてきたことを振り返ります。そして，その時点で必要な目標を立てていくことが大事です。

　他者への適切な信頼について，人と話すことで安心できること，自分の頭で整理できることなど，気がついたことを話してもらいます。また，相談者の身の回りの人と話したことで，相手を知ることができ，それは話さなければわからなかったことも振り返れると良いでしょう。さらに一人ひとりについて，「母親が自分と夫のことを心配するのは，父のことを考えているからだ」，あるいは「馨くんにはあまり大事にされていないことがわかったので，あまり頼りにしないようにしようと思った」など，理解したことを振り返るのも重要です。その上で，これからどうしていきたいか，例えば，「夫とのことは自分で考えていこうと思った」，あるいは「自分の中身を育てて，自分で生きていけるようにしたいと思った」などの目標も明確にできると良いでしょう。

　また，面接のなかで成し遂げたことを振り返り，自信を強化します。自信については，適切に人の話を聞き入れ，適切に自分の主張を貫くことができ

たことや，自分の体験や人の話を通して，自分の考えに磨きをかけられたことも振り返りましょう。

　必要な場合は，今後頼りにできそうな家族にも一緒に参加してもらい，困った時のサポートをお願いできることが望ましいです。その上で，相談者にとって必要な課題を相談者と一緒に挙げて今後の目標を立てます。


## 瑛太さん／20代男性／49回目のセッション

　支援者：面接も，もう少しで1年になりますが，この面接を通して感じた
　　　　　ことはどんなことですか？

　瑛太さん：自分は初めてのことをするのが苦手だと思いました。中学校の時
　　　　　　の社会実習でも，行ったことのない道を通りたくなくて担任の先
　　　　　　生に注意されたんですよね。

　　瑛太さんの1つ目の課題が語られています。面接開始時は全く気づいていないことでした。

　支援者：初めてのことをするときは，どうすれば対処できることがわかり
　　　　　ましたか？

　瑛太さん：見学したり，事前に情報を集められれば，少し違うかな？

　　面接で経験したことを振り返ります。

　支援者：ほかにはどうですか？

　瑛太さん：自分のことを話したり自分から人に話すのは苦手ですね。

　　瑛太さんの2つ目の課題が語られています。これも面接開始時は全く気づいていませんでした。

支援者：それに関しては今回，何か取り組みましたか？

瑛太さん：デイケアで練習して少しはできるようになりましたね。

> 面接で経験したことを振り返ります。

支援者：この面接では自分のことを話さなくてはいけないので，ちょっと大変だった部分もあったのではないかと思いましたが，どうでしたか？

瑛太さん：それはそうです。病院に来るのはちょっと気が重い部分もあったのですが，話すことで自分自身が気がつけることがあったり，安心できるということに気がついたかな。

> 瑛太さんが話すことの意味に気づけたのは非常に大きな一歩です。

支援者：それは良かったです。

瑛太さん：今まで，すごく漠然とした大きなものを考えて，それができない自分に嫌になっていたけど，ここでは，とても具体的な目の前のことを少しずつ実践してみることができたのが良かったと思います。

支援者：よく頑張りましたね。

瑛太さん：まぁ。

支援者：今後，まだもう少し必要なことはありますか？

瑛太さん：自分のタイミングで人に話したり，自分が言いたいことを言ったりする必要があるとは思いました。ただ，自分一人でそれを実行できるとは思えないので，自分のタイミングで自分が言いたいことを言う練習が必要かなと思います。

支援者：それは大事かもしれませんね。

瑛太さん：はい。

今後の課題を明確化します。

# 8　終　結

## 8-1　終結の時期

　基本的に，セキュア・ボンディングの期間は1年を目処とし，1年間で相談者が支援者に安心して心のうちを打ち明け，頼りにできるようになることを目標としています。そして，支援者という安全基地の外でも生きていける程度に，自分の考えや感情を認め，自分の意見を主張し，他者を適切に信頼できるようになっていることが望まれます。

　それは，変化のステージで言えば，熟考期から準備期へ移行していることを意味します。

　つまり，1年間が終わった時点で，やっと相談者は，自分自身のネガティブな面も含めた特徴を受け入れられるようになっています。相談者と支援者は，これから具体的にどのような変化が必要なのかを話し合います。

　その後は，半年を目処にその目標を実行していきます。相談者が行動を起こす準備ができていれば，6〜12セッション程度の短期で功を奏します。

　なかには，1年経っても，変化への準備ができない相談者もいます。その場合，どうしてその相談者が準備期に移行できなかったのかを明らかにした上で，面接を一度終了し，その相談者に適したアプローチを検討する必要があります。1年経っても準備期に移行できない場合は，もともと熟考期ではなく，前熟考期であった可能性もあります。

　準備期とは，自分に必要な変化を理解し，それに対して準備ができている時期です。例えば，自分にとって自己主張の必要性を理解したり，人と関わる必要性を理解したりといった段階です。つまり，本書のガイドに沿って最後まで進むことができた相談者は，準備期に入っていると言えます（図12）。

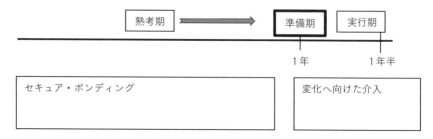

図12　セキュア・ボンディング施行の流れ

## 8-2　安全基地から離れていくことについて

　セキュア・ボンディングは，終結までに，相談者が身近な人を安全基地にできることを目指しますが，安全基地である支援者から離れていくプロセスに関しては，丁寧に行う必要があります。

　まず大事なことは，面接の最初に，1年間は週に1回の面接を，その後の半年間は適宜面接を行い，基本的に1年半で終了になるときちんと伝えておくことです。そして折に触れてその構造について繰り返し伝え，相談者が心の準備ができるようにします。

　しかし，成人しても困った時は養育者に助けを求めるように，面接が終了しても，困った時は支援者に相談できる体制をとっておくことが望ましいでしょう。「困ったら，あの人に相談できる」という感覚は，安心感をもたらします。安全基地から離れても，困った時には相談に来られる関係は続くのです。

　ただしそれは，面接終了後も支援者がそのサポートを続けなければいけないという意味ではありません。支援者にも人生があり，同じ場所での支援をずっと続けられるとは限りません。セキュア・ボンディングは，支援者も自分の心を表現しているため，相談者は支援者にもまた人生があることを理解しているはずです。支援者と相談者の関係も，人と人の関わりである限り，永遠に続くものではありません。だからこそ，1年半の間に全力を注ぐのです。

　もし，継続的なサポートが必要であれば，継続的な面接を提供できる支援者につなげるのが良いでしょう。愛着トラウマを持つ相談者は，どのような

支援者に支援されるかを非常に気にしています。相談者に合った支援者を紹介することもまた，相談者との信頼関係を壊さないためには重要です。基本的には安全基地を提供できる支援者が望ましいですが，相談者と話し合って決められると良いでしょう。そして，その支援者にセキュア・ボンディングの過程をできる限り伝えるようにします。

　意外かもしれませんが，相談者が支援者に依存して離れられなくなるということは，実はあまり例がありません。養育者という安全基地を持った子どもが遠くまで冒険に行けるのと同様に，自信や他者への適度な信頼を身につけた相談者は，他の人に適度に頼りながら生活していけるのです。


## 美佳さん／20代女性／47回目のセッション（1年間の終結前）

　支援者：あと5回で1年間の週1回の面接が終わりですね。

美佳さん：そうですね。ちょっと不安です。

> 　これまでは信じる力を育むための面接だったのが，1年経ったこの時点で変化に向けた介入にフェーズが移行することを説明しています。

　支援者：どのあたりが不安ですか？

美佳さん：親に頼っていても仕方ないから一人暮らしをしようと思っているけど，本当に自分にできるかなと思ってしまって。

　支援者：そうですよね。

美佳さん：これから就職活動とかちゃんとやれるかなぁと。

　支援者：確かにそう思いますよね。

美佳さん：はい。

　支援者：1年経った後，半年までは相談者の方と一緒に来てもらう頻度を決めているのですが，美佳さんはどのくらいの頻度で来るのが良いと思いますか？

美佳さん：まだしばらくは週1回がいいかなぁと思います。

1年の時点では十分な自信を得られていない場合が多いです。その後の半年の実践を通して相談者は自信を高め，終結の不安が軽減していることが多いです。

　　支援者：わかりました。最初は週1回でやっていって，少し頻度を空けられるようなら空けても良いので，それでやってみましょうか。
美佳さん：はい。


## 美佳さん／20代女性／75回目のセッション（1年半の終結直前）

　　支援者：もう少しで1年半になりますが，この面接が終わることに関してどう思いますか？
美佳さん：自分はずいぶん変わったなぁと思います。前はいつも親からのストレスを受けていたのに，今はあまり気にせず就活ができるようになりました。
　　支援者：私も本当にすごいと思います（涙を流す）。

　　支援者は，これまで美佳さんがどれだけ大変な思いをしてきたか知っていました。その美佳さんが就活ができるようになったことに，じわりと感情が湧いています。

美佳さん：そう言ってもらえて嬉しいです。
　　支援者：面接がなくても，なんとかやっていけそうですか？
美佳さん：自信があるわけではないのですが，なんとかできそうかなという気もします。
　　支援者：それは良かったです。半年前はまだ自信がないとおっしゃっていましたものね。
美佳さん：そうですね。
　　支援者：困った時は誰かに相談できそうですか？

美佳さん：うーん，就労移行支援施設の職員さんには相談できると思うんですけど，いつもいるわけではないんです。

支援者：そうなんですね。

美佳さん：親のこととかまで相談するわけにもいかないですし。

支援者：おそらく相談しても良いのでしょうけど，気が引けてしまいますよね。

美佳さん：そうですね。あとはSNSとかで呟くとコメントしてくれる人たちもいます。

支援者：それも助かりますね。

美佳さん：結構助かることがあります。たまにストレスになることを言ってくる人もいるんですけど（笑）。

支援者：それもこれまでやってきたように，受け入れるべき意見なのか，そうでない意見なのかを見極めるのが大事そうですね。

　　ここで支援者は，エピステミック・トラストの力を相談者に説明しています。

美佳さん：はい。

支援者：何か困った時は，病院に連絡して私につなげてもらえばお話しできるので，連絡してくださいね。

　　困った時にサポートできる体制を整えておくことが大事です。

美佳さん：それでも良いのですか？

支援者：電話に出られない場合もありますが，その時は折り返しますよ。

美佳さん：それは助かります。

支援者：残りの回数で，できる限りのことをしていきましょう。

美佳さん：はい。

# 第III部

愛着トラウマケアを
研究する

## 第6章
## 事例でまなぶ愛着トラウマケア
### 相談者目線でふりかえる

　ここまで愛着トラウマケアと，安全基地を提供する「セキュア・ボンディング」を解説してきました。改めてその全体像を理解してもらうために，症例を提示して面接の経過を解説したいと思います。そして，相談者（クライエント・患者）愛着トラウマケアの体験記も紹介したいと思います。

## 1　事例でまなぶ
## 「愛着トラウマケア／セキュア・ボンディング」

　ここでは，あおいさんの事例をもとに，愛着トラウマケアの根幹をなすセキュア・ボンディングの全体像をふりかえりましょう。なお，個人を特定されないように，内容を改変して記載しています。

- 症例：あおいさん／29歳女性
- 主訴：意欲低下，頭痛，疲労感，人が怖い
- 現病歴：幼少時より気分の変調，頭痛，腹痛などがみられ，小児科で心理療法などを受けていた。高校以降は病院に通院していなかったが，人が怖い，疲れやすいなどの症状はみられていた。23歳時，父が亡くなったことを機に気分の落ち込み，意欲低下が増悪し，動けない状態になったため，A病院を受診。うつ病と診断され，薬物療法でうつ状態は軽度にまで回復したものの，現在も意欲低下，疲労感，頭痛，人が怖いなどの症状は続い

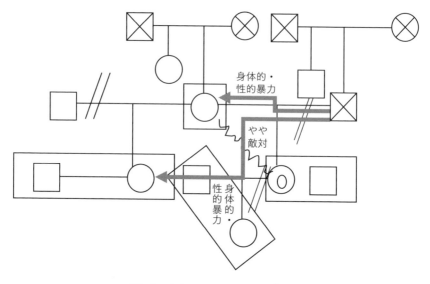

図13　あおいさんのジェノグラム

ている。

- 生活歴：同胞2名中第2子。10歳上の姉は母の前夫の子ども。1歳時に両親が離婚し父が家を出たものの，たびたび父が家を訪れ，母や姉に身体的・性的暴力を行っていた。本人には手を出すことがなかったものの，怒鳴りつけられることはしばしばあり，怖い思いをしていた。小学校時代には同級生からいじめを受けていた。地元の高校に進学するも中退し，家を出てアルバイトをしながら一人暮らしをしていた。19歳時に妊娠し結婚，女児をもうけたが，24歳時に離婚し親権は夫が持つことになった。その後はパートの仕事をしながら一人暮らしをしていたが，27歳時より現在の恋人と同居している（図13）。
- 既往歴：特になし

## 治療経過

〈適用の確認と説明のための面接〉（pp.52-60参照）

〈治療的アセスメント〉（pp.101-104参照）

## 親はどんな人だったか？（pp.96-98参照）

　幼少時，家から出て行ったはずの父親がしょっちゅう家に居座り，母と怒鳴り合ったり，母に暴力をしたりするような環境で育った。母は夜も仕事に出掛けていて，ほとんど家におらず，いるときも話を聞いてもらったり遊んでもらったりすることはなかった。

> 　幼少時の環境を聞きながら，母と父の，あおいさんへのケアとコントロールの程度を評価しています。

## これまでにどんなことに辛い思いをしてきたか？（pp.101-104参照）

　小学校の時，お風呂にも毎日入れず，服も同じものばかり着ていたこともあり，いじめを受けていた。そのいじめは低学年からずっと続いたが，ある時，男子を殴ってしまったことがあり，いじめが止まった。

> 　「自分が汚かったからそう言われても仕方がなかったのかもしれない」と言うあおいさんに，本当のことだろうとそうでなかろうと，相手の気持ちを考えずに口に出すことは間違っていると，支援者（セラピスト・医療従事者）は尊厳教育の一環として伝えます。

## アタッチメント・スタイル，エピステミック・トラストの評価（pp.13-19参照）

　あおいさんは，自分の考えにも自信がなく，人と関わりたい気持ちはあるが，傷つけられるのではないか，騙されるのではないかという不安があり，人に近づけない。そのため八方塞がりになることがしばしばある。アタッチメント・スタイルは恐れ型が最も近いことがわかった。

　エピステミック・トラストに関しては，信頼が低く，不信が高く，軽信が

やや高いという結果だった。

## 家族や身近な人との関係性

身近な人との関係については，恋人には自分の気持ちを打ち明けられることもあるが，打ち明けられないことが多い。あおいさんには比較的親しい友人が3人いるが，それほど心の内を打ち明けられない。祖父母を含めて親戚とは幼少期から関わりが少ない（祖父母はすでに他界している）。姉は中学卒業と同時に家を出てしまっているので，あまり一緒に過ごした記憶がない。母と一緒に口を出してくるので，それがストレスになる。小学校3年生の娘とは1カ月に1回会っている。元夫との関係性は悪くない。

## 服従的・従順なパターンや孤立パターンが当てはまるか（pp.26-28参照）

あおいさんは全般的に，自分の気持ちを相手に伝えることができない。特に「嫌だ」と言えない。10代の頃，避妊してほしいと言えずに妊娠し，堕胎したことがある。最近ではファミレスでパートとして働いていたが，店長から「バカだ」とか「グズ」とか言われても，「やめてくださいよ〜」と笑って言うことくらいしかできず，どんどん辛くなり死にたくなってしまって退職した。相手が何を考えているのかわからないと，嫌われているのではないかと感じて怖くなる。それらの話から服従的・従順なパターン，孤立パターンのどちらも当てはまることがわかった。

あおいさんが自分の傾向に気づくよう，他者との関係に関して，具体的なことを聞いていきます。

## 治療目標の設定

あおいさんの希望は，母と姉に，娘を育ててないことで自分を非難することや，父を自分の前で非難し続けることをやめてほしいというものだった。
これまでのアセスメントの結果から，社会生活において嫌だという自分の

気持ちを伝えることができず，それによって苦しい思いをしているようだが，それについてどうにかしたいという気持ちはあるかを問うと，「自分でも問題だとは思うが，自分の気持ちを言えるようになるとは思えないし，どうしたらいいかわからない」と語った。そのため，対処法を一緒に考えていくことも目標とした。

> 他者に変わってほしいことに加え，自分自身に対する目標も挙げられると良いでしょう。最初の時点での目標は，「〜について考える」といった，あまり難しくないもので構いません。

## あおいさんについて理解を深める

### あおいさんと支援者のセッション

あおいさんの希望は，母と姉に，娘を育てていないと自分を非難することや，自分の前で父を非難し続けることをやめてほしいというものであった。そのため，支援者はまずあおいさん本人から話をよく聞き理解を深めることとした。

娘を育てていない理由は，過敏なあおいさんにとっては，娘の泣き声も排泄物の始末も辛く，自分がシングルマザーになったら娘を殺してしまうことさえありうるのではないかという恐怖があったからだと打ち明けられた。実際にあおいさんはこれまで，男子や恋人などをひどく殴ってしまったことがある。そして元夫はゲームばかりしている人なので，元夫に任せていていいのかは不安もあるし，娘と一緒にいられない寂しさもあるという葛藤も語られた。話をよく聞いていると，支援者には彼女の悲しみや罪悪感が伝わってきて，子どもを元夫に預けている理由を理解することができた。

また，父と母と姉との生活についてよく聞いていくと，幼少期のあおいさんは母に遊んでもらった記憶がなく，父は怒ると怖かったが遊んでくれた唯一の人だったことが語られた。また自分が産んだ娘のことも，父はとても可愛がってくれた。父が母と姉にしたことはひどいと思っても，死んでしまって悲しいと思う気持ちが打ち明けられた。

支援者は，あおいさんの話をよく聞くまでは，母と姉に身体的・性的暴力をした父に対して愛着があることを十分に理解できていなかった。だが，幼少期に時々遊んでくれた唯一の人であり，自分の娘をとても可愛がってくれた人であることを考えると，支援者自身もそのような相手が死んでしまえば寂しく思うかもしれないと感じられるようになった。そのため，「母と姉から，頭がおかしいと言われるんです」と言うあおいさんに，「私は全くそう思わないです」と伝え，あおいさんの思いを肯定した。そして母と姉の気持ちもあおいさんと一緒に聞いてみることにした。

> 　支援者は，自分の理解の枠組みを一度解体し，あおいさんの考え方によって再構築しました。それによって，自分事として，あおいさんと共に母と姉に思いを伝える準備ができました。

### 親がどのように子育てをしたか，親がどのような生い立ちかを聞く

#### あおいさんと母・姉・支援者のセッション①

　母からは，母の生まれ育ち，父との出会いなどの話をしてもらった。母は最初の結婚の前に父と付き合っており，離婚後，もう一度連絡して付き合うようになったことなどを話してくれた。父と結婚してからの生活についても時間をかけて話を聞いた。このセッションは4回にわたった。

　父による母からは，あおいさんが子どもの頃のことについて，家にはとにかくお金がなく，昼の仕事と夜の仕事を掛け持ちしていて全く余裕がなかったことが語られた。また，あおいさんが生まれて間もなく，母は，夫の娘（あおいさんの姉）への性的暴力を知ったという。精神的にもかなり余裕がなく，あおいさんのいじめの話はあったような気もするが，よく聞いてあげられてなかったと思う，と打ち明けた。

　父による母への身体的暴力に関しては，髪の毛を引っ張る，火傷させる，刃物を持ち出すなどかなり激しいものだったことが語られた。姉への性的暴力の話は，最も慎重に扱わなければいけない内容だが，これまでに何度も性

的被害者の会で語ったことがあったため，無理のない範囲で話してもらった。それは小学校低学年の頃から母親が仕事でいない時に，いつも胸や陰部を触られるという過酷なものだった。支援者は話を深刻に受け止め，あおいさんにもどう感じたかを聞いた。あおいさんは，そのようなことをされたとわかっていたが，姉のその時の気持ちを想像すると辛い気持ちになると語った。

## 母・姉に自分の思っていることを伝える

### あおいさんと母・姉・支援者のセッション②

　母と姉から話を聞いてあおいさんが感じたことを支援者と2人で話し合うセッションを終えた後に，あおいさんの気持ちを母と姉に伝えることにした。支援者が理解しているあおいさんの父への気持ちを母と姉に伝えると，あおいさんは自分の言葉で「お姉ちゃんやお母さんはすごく嫌な思いをしたと思うから，死んで良かったと思っても仕方ないとは思う。だけど，私の前では言わないでほしい」と母と姉に伝えた。

　すると姉は，「あおいがあの人を完全には憎めない気持ちはわからなくもないんだよね」と言った。そして，「あの人は優しいところがある人だった」と付け加えた。母は，「あの人をアルコール依存症から自分が助けようと思っていた」と語った。そして，「自分もあの人が好きで結婚したから，あおいの気持ちはわからなくもない」と言った。そして2人とも，あおいさんの前ではそのようなことを口にしないことを約束してくれた。

　また，あおいさんが育児をしていた時，どれだけ苦しかったか，イライラしてもしかしたら殺してしまうのではないかと思うほどだったことを伝えた。そして本当は娘のことが心配で，自分で育てられないことに罪悪感を覚えていることを伝えた。すると母は「自分の夫が問題があったから，父親というものを疑ってしまうのかもしれない」と語り，心配ではあるけど，あまり言いすぎないようにすると言った。

　相談者の気持ちを家族に伝える際，家族の気持ちを相談者が理解することも大事です。

## どうして思いを伝えることが必要なのかを考える

　他者に自分の気持ちを伝えられない例として，育児や家事で追い込まれていても，元夫に一緒にやってほしいと言えず，もう無理だと思って別れたことをあおいさんは語った。そして他者に自分の気持ちを言えないことで，うつになったり，急にキレてしまったりしてしまうことを，あおいさんは実感した。今回，母と姉に伝えられたことも良い経験となり，少しずつ自分の気持ちを伝えていく気持ちが固まった。そのため最も自分を理解してほしいと思っている人であり，最も伝えられそうな恋人に，自分の気持ちを伝えていくことにした。

## 恋人に思っていることを伝える

　恋人同席の面接のなかで，あおいさんが自分はなかなか人に気持ちを言えなくて，うつになったり，急にキレてしまったりするのだということを伝えた。恋人から見るとあおいさんはいつも元気そうで，横になっている時は，楽をしているだけなのかと思っていたが，本当の気持ちを言ってもらえてよかったと語った。そして，あおいさんが，できれば掃除機をかけたり，お皿を洗ったりしてほしいと伝えると，恋人は「言ってくれればやるよ」と言った。その後，恋人は言ったことはやってくれたが，自分から何かをしてくれることはなかったため，何回かにわたってどのように伝えれば良いのかを支援者と相談し，あおいさんはそれを実行した。恋人は言わなくてもやってくれるようにはならなかったが，言えばやってくれるので，できる限り恋人にも家事をしてもらいながら生活するようになった。

## これからどのように人と関わっていくかを考える

　あおいさんは，レストランのアルバイトは辞めてコンビニでアルバイトをしていた。同じアルバイトの伊藤さんに「あおいさんって，口ばっかりで手が動いてないよね」と言われたことを語った。「それはお前の方だろ」と思ったが，「え，そう？」としか返せなかった。別の日には，伊藤さんに「使えない」と吐き捨てるように言われたことがあったが，その時も何も言えなかっ

た。あおいさんは，支援者との面接のなかで，自分が何も言わないことで，伊藤さんの言動がエスカレートしていることを実感し，もしかしたらいつかキレてしまうかもしれないと感じると語った。これまでに母と姉や恋人に伝えてきたことをふりかえり，自分の気持ちをアサーティブに伝える練習を支援者と繰り返し行った。そして，少しずつ自分の気持ちを主張するのと同時に，店長にも困っていることを相談し，店長から言ってもらったり，シフトをずらしてもらったりして，仕事は辞めずに続けられている。

### 母や恋人とどう関わっていくかを考える

　母は，面接の後から，あおいさんに父のことを悪く言ったり，娘を育てていないことを責めたりすることはほとんどなくなったという。しかし，「同棲しているなら親に挨拶に来るものだ」など，意見を押し付けてくる傾向は変わらず，あおいさんを理解しようという構えではないように感じている。あおいさんは，親に経済的に援助してもらっているわけでもないし，同棲しているからといって必ずしも挨拶にいかなければいけないわけではないという意見を持っており，支援者もそれを肯定した。あおいさんは，これまでは親に意見を押し付けられると，自分がおかしいんじゃないかと不安にもなってイライラしていた。今は，親の意見もありだし，自分の意見もありだと思えるようになったと語った。

> 　母のことは変えられないので，自分がどうにかするしかないと，あおいさんは覚悟を持てるようになっています。

　恋人には，伊藤さんのことなどの悩みを以前よりも話せるようになったという。伊藤さんと同じシフトの時は迎えに行くなどと言ってくれる。ただ，家事に関しては，相変わらず言わないとやってくれない。自分を大事にしてくれる人で，自分にとっても大事な人だが，このままでは結婚して子どもを持つことはできないと思っていると語った。支援者には，それはある意味で，あおいさんの自律性の醸成を意味しているようにも思われた。

> 他者の意見や振る舞いに対して，「自分はこう思う」という意見を持てることが大事です。

### 終結

1年間にわたる毎週の面接の後，半年間，3週に一度のフォローアップセッションを行った。そのなかであおいさんは他者と関わるなかで感じたことを話し，それを支援者が理解して承認し，他者にアサーティブに主張し相手を理解する練習を繰り返した。1年半経ったところで，支援者との面接は終了することになった。あおいさんは，自分には面接が必要だと感じ，別の支援者のもとで3週に一度の面接を続けることになった。これまでをふりかえり，あおいさんは「随分自分の気持ちを人に言えるようになったと思う」と語った。支援者も「強くなりましたね」と伝えた。

### まとめ

本症例では，あおいさんの気持ちやこれまでの決断を自分事として承認しています。支援者が正論を訴え，子どもや暴力の被害者など弱者の味方になりすぎていると，相談者の気持ちを承認することが困難になるため気をつける必要があります。実際に，あおいさんの文脈のなかでは，あおいさんと同じように感じるかもしれないと支援者は感じていました。支援者からの自分事として共感と承認を得て，あおいさんは自分の心を見つめる内省ができるようになっています。あおいさんは，支援者からの承認と，母や恋人に自分の思いを伝えられた経験を通して，自分の考えに自信をつけ，他人と関わる恐怖心が和らぎました。そして実際に人を怖く感じる程度は軽減しました。母や恋人には変わってもらうことが難しい部分がありましたが，わかってもらえたこともあり，伝えられることは伝えていくことが重要だと実感できました。恋人はアタッチメント対象としての機能を以前に比べて発揮してくれるようになり，あおいさんは適度に人に頼りながら自分で考えて生活することが少しずつできるようになってきています。

## 2　相談者の視点を取り入れる

### 2-1　患者・市民参画（Patient and Public Involvement : PPI）

　現在，臨床研究を行うに当たって，患者・市民参画（PPI）が重要視されています。PPIとは，研究者が研究を進める上で，患者・市民の知見を参考にすることであり，「セキュア・ボンディング」の開発においても，実際に面接を体験した相談者の意見から修正を加えています。

　PPIは，次の3つの観点から今や臨床研究においてはなくてはならないものとされています（「臨床研究等における患者・市民参画に関する転向調査」委員会，2019）。

#### 2-1-1　研究倫理の観点

　研究参加者を保護し，その権利を守るため，インフォームドコンセントを柱とした倫理指針があります。しかし近年重視されているのは，計画立案から終了後に至るまでのさまざまな段階で研究対象者の立場を想像できる人々の意見を聞くことです。

#### 2-1-2　相談者の経験や知恵を活かす観点

　研究者が持つ「専門知」では解決できない課題や見出せない視点に対して，患者・市民が持つ「経験知」によって，研究者が気づきにくい課題・視点を見出せる可能性があります。

#### 2-1-3　研究の民主化の観点

　研究に多様な考え方が取り入れられ，創造性をもたらす可能性があります。

### 2-2　誰かの役に立つということ

　私がPPIを取り入れるなかで最も強く感じていることは，同じ困難を抱えた人の役に立ちたいと思っている人がとても多くいることです。pp.106-107

に登場した武さんは，自分を評価する心理検査の一切を拒否したのですが，研究の当事者参画として質問紙への記入を依頼したところ，快く引き受けてくれました。

　また，目標をなかなか見つけられないすみれさんに，研究への参画を依頼したところ，「自分はこれまでいろんな病院でいろんな治療を受けてきて，良かったことも悪かったこともあるので，それを伝えて，同じ病気で困っている人の役に立ちたい」と言ってくれました。その表情は，これまで見たこともないくらい，はつらつとしていました。当事者が持つこのエネルギーを私たちが行う研究に活かせれば，当事者自身にも研究者にも，そして社会にとっても有益だと感じています。

　これは，自らの症状について研究する当事者研究の実践でも言われていることです（向谷地，2009）。「あなたのことを，（あなたのために）教えてほしい」と伝えると拒否されても，「他の人の役に立つので，協力してほしい」と依頼すれば，多くの相談者が協力してくれると言います。PPIを取り入れるなかで，その可能性を強く感じています。

## 3　相談者から見た
## 「愛着トラウマケア／セキュア・ボンディング」

　PPIの考えをもとに，相談者目線で愛着トラウマケア／セキュア・ボンディングについて描きたいと思います。愛着トラウマケア／セキュア・ボンディングと，それに引き続く認知行動療法を受けた瑛太さんが，面接過程を大学の卒業論文としてまとめてくれました。卒業論文を見せていただくと，全てはこれを書いてもらうためにあったのではないかと思うほど素晴らしい内容でした。瑛太さんに本書の内容を見てもらったことはありませんが，私が大事に思っていることが伝わっていて驚きました。

　瑛太さんの言葉を大事にしたいので，瑛太さんの文章をそのまま載せる形で抜粋し，適宜コメントをしていきたいと思います。

## 3-1　心理面接を始めるまでの瑛太さんの状況

　大学に入学して2回目の冬，人生で初めてできた恋人と別れた私は，生きることを諦めた。もともと何か目的があって入学したわけではない大学で，友人もおらず，周囲の学生たちとの能力の差を日々思い知らされながら生活するだけの気力はなかった。かといって大学をやめて別の生きる道を選ぶこともできないと思った。20歳を過ぎて，これから先，体力知力ともに衰えていくことを考えると，ここで人生に終止符を打つ方が美しい生き方であると，当時の私には思えた。

　自然と，大学には通わなくなった。日がな一日，アパートの部屋でゲームばかりして過ごすようになった。自殺することを決めてしまった以上，死ぬまでは好きなことをして過ごしたいと思っていた。首吊り用のロープを購入し，部屋に吊るしていた。死に場所を探して，雨のなか，京都の町を何時間も歩き回ったこともあった。なかなか終わりの来ない目の前の一日をどうやり過ごすかだけを考えていた。

　そんな怠惰な生活が半年ほど続き，観念した私は，故郷にいる家族に，大学に通えていないと打ち明け，休学することにした。1年間の休学期間中，下宿を引き払って実家に帰った私は，何もせずに過ごした。

　休学期間が終了し，家族の視線に追い出されるように大学に戻った。多少の気力は回復していたが，そこから先の人生を生きていこうという意思はなかった。しかし，心配をかけた家族を安心させるために，公務員試験を受けることにし，そのための予備校へ通うとともに，大学卒業に向けてとりあえず動いてはいた。孤立している状況には変わりはなかった。

　1年余りをやり過ごした後，卒業論文の制作と就職活動が本格化してきたタイミングで，自死への憧れが再燃した。全てがどうでもよくなり，もう一度，死ぬことを考え始めた。方法を調べ，必要なものを集め，いざ行動に移す段階で，怖くなった。身動きが取れなくなった私は，大学の先生に助けを求めた。再び休学することになった。その先生からの勧めもあり，精神科の病院を受診した。

## 3-2 　瑛太さんによる面接経過の描写

### 3-2-1 　心理面接の開始

> 　私が瑛太さんと出会った頃，瑛太さんは聞いたことに短い言葉で答えてくれるものの，自ら話すことはほとんどありませんでした。
>
> 　何も期待していないように見える瑛太さんでしたが，毎回必ず予約の時間通りに来院する姿からは，なんとかしたいと思う気持ちもあるだろうと私は感じていました。その頃の瑛太さんの気持ちです。

　初めて受けた質問紙によるアタッチメント・スタイルの評定は，拒絶型だった。恐れ型とのちに判明（変化）するが，この時は，他人に頼りたいと思っていることを否認していたのだろうと思われる。

　私には，そもそも自分が回復するというイメージがなかったし，人に自分のことを話すということもあまりしたことがなかったため，やり方がわからなかった。人に頼ったり相談したりすることを「弱い」ことだと思い，しない方が良いと思っていた。治るはずだという期待も特になく，ただ通っていただけという感じで，聞かれたことには答えていたが，自分から何かを話すことはなく，何を話せばいいかをそのたびに考えていたため，間が長くなることが多かった。

　支援者に対するイメージもはっきりとしておらず，警戒心もあったため，自分の感情を素直に表現すること自体を避けていたように思う。支援者が私のそういった態度にはあまり触れずに，話せるところから聞いてくれたのはありがたかった。話の内容に対して，支援者は特に評価をせず，ただ聞いているだけだった。自分自身でもまだ意味づけや整理が済んでいないことがらに対して，同じ態度で臨んでくれたことが，私の自己開示に対する抵抗を弱めてくれたと思う。

　この頃はとにかく，何をどうしていいか全くわからない状態だった。とりあえず生きてはいる，というだけで，それ以上のことをする余裕がなく，心理面接に通うのがやっとだった。どうしたらいいかを誰かに聞くこともでき

ず，どうしようもなかった。

　そして自分にとって何が大事だと思うかという話をした。自分にとって〈周囲と調和を保ちながら，自分の好きなことをする〉ということが大事なのだとわかってきた。

> 　目標を設定する際，瑛太さんは時間を要しました。しかし私が，少し言葉を挟みながら，焦らず聞いていると，少しずつ言葉が出てくるようになりました。そうして紡ぎ出した言葉が，「周囲と調和を保ちながら，自分の好きなことをする」だったのです。瑛太さんに後から聞くと，ただ黙って聞いてくれる態度がとてもありがたかったと言います。

### 3-2-2　家族の参加

> 　瑛太さんは自分から話すことがなかったため，私は瑛太さんのことを十分に理解することがなかなかできませんでした。しかし母親と話したことで，こどもの頃から決めることが苦手だということがわかり，そこから瑛太さんと，瑛太さん自身についての理解を深めていくことができたと思います。その時の瑛太さんの記録です。

　支援者から母と一緒の面接を提案された。正直，親が来て話をするのにも抵抗があった。何を言われるかわからないので怖かったし，恥ずかしかった。けれどそれを通過しないと前進しないという気もしていたので承諾した。この時期は，家族に何かをお願いすること自体が難しかったため，「一緒に病院に来てほしい」と伝えるのに苦労した。

　母が過去の出来事を話して，それに対して「言われてみればそうだった」という形で回答することができるようになった。

### 3-2-3　デイケアでの活動

> 　家にずっといる状態だった瑛太さんに自分自身の特徴を理解してもらうためには，他者との関わりが必要だと考えました。当初は，家族とのやりとりで「もやっと」したことを話してもらうところから始めましたが，「周囲と調和を保ちながら自分の好きなことをする」という目標のためには，社会で人と関わってみる必要があるのではないかと提案し，瑛太さんと相談の上，デイケアに行ってもらうことにしました。瑛太さんがデイケアでの体験を書いてくれています。

　しばらくして，デイケアの卓球の活動に参加することにした。そこで少しずつ人と話すようになる。ところが，他の施設との練習試合を欠席した。支援者との面談で，初めての場所に対して自分が不安になりやすいということに気づく。このことで，ロールプレイなど，職員に謝るための練習もした。

　練習試合の前から，少し不安はあった。知らない場所に行くということ，慣れない人と会うということ，勝手がわからないので何か困った時にどう対処すればいいのか自分のなかに確立できていないということが心配だった。当日になってその不安が大きくなり，寝起きがあまり良くなかったこともあって，休んでしまった。担当の職員には事前に「行く」と伝えてあったので，急な欠席をしてしまい申し訳ないと思ったが，「行きたくない」という不安が勝ってしまった。

　次にデイケアに行った時，そのことを職員に直接謝りたかったのだが，自分からは言い出せずにいた。そのことを支援者に伝え，どうやって謝るかを，声のかけ方，話の進め方など細かなところから考えて練習した。

　ロールプレイに関しては，それ以前にも，挨拶や会話の場面を想定して何度か試みたことがあったが，当時は抵抗があった。やろうと思えばできるのではないかと思っていたし，わざわざそんな簡単なことのために時間と場面を作るのも馬鹿馬鹿しいと思っていた。しかし支援者は特にそういったことは気にせずにロールプレイをやってみましょうと誘ってきたので，半ばしぶ

しぶやっていたという感じだった。だがそれなりには意味があったように思う。わかった気になることと，やってみて実際にわかることの間には，かなり大きな違いがあるような気がした。自分の苦手な部分，自分の弱い部分を人に伝えるという，今までにない経験だった。それを馬鹿にしたり無下にしたりせずに，真剣に聞いて，どう改善したらいいかを真面目に考えて教えてくれたということが，今思えば純粋にうれしかったのだと思う。ただ，当時の自分にはそのことに気づくだけの余裕がまだなかった。

　練習した通りに職員に謝ることができたのも大きかった。失敗があっても，練習し，努力すれば多少なりとも改善できるということを経験として知ることができた。このことはこの後の面接の場面でも度々取り上げられることになった。

> 　瑛太さんの記述を見ていると，瑛太さんの困りごとに，支援者が共に関心を寄せ，真剣に考えていたことが，瑛太さんにとって重要だったことがわかります。支援者が相談者と同じ事柄に関心を寄せる姿勢によって，相談者のエピステミック・トラストが育まれると言われています。

### 3-2-4　支援者の産休

> 　心理面接の途中で産休に入ることは，私にも葛藤がありました。何かしら相談者に心理的影響を与える可能性があるため，産休に入る可能性があるのなら，心理面接自体，始めるべきではないという意見もあるかもしれません。
>
> 　しかし，瑛太さんは次に示すように，私が自己開示をすることになって，自分のことを話す心理的抵抗が薄れたと記述しています。本文中にも示しましたが，支援者の自己開示は，相談者が自分のことを打ち明けられるために非常に重要な役割を果たしています。

支援者が出産のために休むということを聞いて、「この人にも、自分の生活があって、家庭があって、仕事があって、そのなかで生きている一人の人間なのだな」という感覚を持つようになった。それまでは自分のことばかり気にして、助けてもらうだけだったが、あまり迷惑をかけるのも悪いなと思い、自分でできることを増やしていかないといけないと思うようになった。また、自分のことを話すことへの心理的抵抗が少し薄れたように思う。

　支援者の8週間の産休は特に問題なく過ぎた。その後、アタッチメント・スタイルの検査では恐れ型になっていた。自分でもその部分は自覚していて、自分に対する理解がしっかりできてきている証拠であると思った。

　もともとの拒絶型というのが、どちらかというと防衛的な選択の結果としての自覚だと思われる。人に頼ること、適切にアタッチメント行動を示すことは、したいと思ってもできない、ということが根底にあり、その苦痛を軽減するために、人に甘えることは重要ではないと思おうとすることで、甘えることができない自分を正当化しようとしていたのだろう。「自立」という言葉に対する価値観とも関連があると思う。

### 3-2-5　自分に対する評価を決めていた、恋人との別れについて話す

> 　瑛太さんが別れた恋人のことを打ち明けられるようになるためには、支援者が心の内を打ち明けて頼りにできるアタッチメント対象、あるいは安全基地になっている必要があります。そのため、重要なことを話してもらうのは、しばしば面接の後半になる可能性があります。
>
> 　瑛太さんは、アセスメントにおいて、自分は恋人に怒鳴ってしまったことがあり、感情を抑えられない、ダメな人間だと言っていました。私はそれをすぐに訂正しようとせず、瑛太さんが自分の弱みや苦手なことを言葉にできるようになってから、この話題について取り組むことにしました。

　このあたりから、大学を休学することになった理由や、別れた恋人とのこ

となどの踏み込んだ話をするようになった。どちらを話すのが良いかと支援者に聞かれ，大学の話を先にすることにしたのを覚えている。

　話題のメインとなったのは，人とコミュニケーションを取ることの重要性だった。困ったことがあったり，悩むことがあったりした場合に，適切に他者にヘルプを出すということ，怒りの感情が表出する前に，適切にコミュニケーションを取っておくことである。

　この話のなかで，人にうまく頼るということを少しずつ意識しだしたように思う。もともとは，面接という場で人と話すことで，自分だけで考えているよりも，頭のなかが整理されて，理解が深まることがあると指摘されたところから始まった。考えているだけでは変わらないということ，誰かに話をするなかで自分自身でも気づくことがあるということ，人に指摘されないと気づきにくいことがあるということなど……これらの話の延長で，何か困ったことがあったら，とりあえず誰かに話してみるということを意識するようになった。

　恋人との話がかなり大きかった。自分に対する評価をその出来事を基準に決めつけていた部分があったと思う。怒りやすさや恋愛というものに対して，客観的に見ていくことがやっとできるようになった。話すことに対する辛さは依然としてあったが，自分の思いを言葉にして上手く伝えるのが重要だと気づけたことがとても大きい。

　支援者は話の要点をノートに書きながら整理し，理解しやすくしてくれた。自分の認識の問題点や歪み，思い込みなどを，否定するのではなく気づかせてくれた。はじめのうちはそれでもなかなか受け入れるのが難しく，納得しきれずにいる私を，無理に説得せず，そのままにしておいてくれた。

## 3-2-6　復学を決める──面接終結

> 　大学に戻るか，退学するか，ということは，最後まで瑛太さんにとっての課題でした。「卒論が書ける気がしない」という一方で，できることなら卒業したいという瑛太さんの思いがありました。

そのため，瑛太さんは，大学の教員に思いを伝えてみるのが良いのではないかと考えました。そして「卒論がどのようなものなのか，テーマをどう決めたらいいかわからないので，復学するか悩んでいる」という趣旨のメールを書くことにしました。メールの文面も面接のたびにその場で書き，その場で送信してもらいました。そしてその返事に対する返信も，一緒に考えて書くということを繰り返しました。そして，どうやら教員はとても親身に，卒論制作を手助けしてくれそうなことがわかってきました。オンラインでの面接は，日時を設定するのにも時間がかかりましたが，逆に言えば時間をかければできることがわかりました。そして一度教員とオンラインでの面接ができてからは，私の力を必要とせず，二人で話を進めていけるようになりました。

　その頃，かねてから問題になっていた，大学に戻るか中退するかを決断するために，卒論を書くことができるかどうかをまずは見極めようという話になった。先生とやりとりをすること自体に緊張していたため，なかなかメールの文面を自分で書くことができなかった。以降面接の席でメールの内容を支援者に一緒に考えてもらって書くようになった。

　大学の先生とのメールにもある程度慣れてきた。この段階で，今後の身の振り方を決めるために，大学の先生にオンラインで話ができないかと打診し，面談が決まった。そして，卒論制作に向けて復学することを決めた。週1回のオンライン指導が始まり，定期的にコンタクトを取る方が良いだろうという判断から，指導の頻度を決めた。その後，心理面接は，事前に言い渡されていた期限通りに終結した。

## 3-3　瑛太さんの考察

　面接を通して，学んだことはいくつもあるが，最も大きく変化した部分は，自分自身に対する認識であると思う。特に，自分自身の欠点や弱点に対する理解が深くなった。人と会話することや自分の感情や考えを言葉にして表現するのが苦手なこと，不安や心配が先行して，慣れていない状況や場所を避

けようとする傾向があることなど，それまで気づかなかった，あるいは気づこうとしていなかった自分自身の特性について理解し，それらにどのように対応していくかということを，支援者と共に考えられたことがとても重要であった。

　こうしたことは，一人での内省だけでは不可能だと思われる。自分一人で考えていると，どうしても思考がマイナス方向に回っていくことが多いが，支援者は自分の状態や行動についてのプラスの側面についても客観的にコメントをしてくれた。そうした視点を与えられると，自分に弱いところや苦手なところがあっても，それはそれで良いのだという感覚が芽生え，その弱さにどう向き合っていったら良いのかを考えようという気持ちになった。

> 　人の行動には必ず意味があります。慣れてない状況や場所を避けるのは，安全のためには大事なことです。弱さであり，修正すべき点とみなすのではなく，瑛太さんにとっての意味を理解することで，それはそれで良いという感覚や，それに対してどう向かっていったら良いか考えようという気持ちが生まれたのだと思います。

　一人で考えていると自分の弱さを思うにつけ自己否定的感情に押しつぶされそうになり，結局はそれを放り出すということを，自分は繰り返してきた。しかし，その弱さを共有してくれる支援者がいると，不思議と「二人で」その問題を抱えているような感覚になり，自分の弱さから目をそらさず考えることができた。

> 　瑛太さんが書いてくれている，「二人で」その問題を抱えるという言葉は非常に印象的です。安全基地を提供するということは，あたかも相談者と同一化したように同じ気持ちを感じつつ，相談者の伴走者のように相談者を支援する存在になることです。その態度が瑛太さんに伝わったのだと思います。

そういう意味で非常に大きな支援者の存在だが，もちろん，最初からそのような関係ができていたわけではない。最初は自分自身も警戒心を持っていたし，緊張しながら会話をしていた。自分の弱さをさらけ出し，共有してもらうという状態にはほど遠く，日常生活のことや身の回りに起こった出来事などの事実について，訊かれれば答えるという感じだった。そんな自分に対して，支援者はあまり内面的なことに踏み込みすぎず，答えやすいことから尋ねてくれたり，しばしば答えるのに時間がかかる自分の様子を見て，ゆっくりと待ってくれた。すると，自分のなかで相手がきちんと自分の話を聞いてくれるという実感が徐々に確かなものになり，自分の方も，時間をかけてでも良いから，きちんと自分のことを言葉にしていこうという気持ちが強くなってきた。そして，自分が少し勇気を出して内面的なことを語ってみると，支援者は，「素直な気持ちを話してくれてありがとう」「話してくれて良かった」と，その勇気を後押ししてくれた。こうした繰り返しのなかで，自分も徐々に自分の弱さなどの内面的なことを語れるようになっていった。

　　安全基地を提供するために，「ゆっくり待つ」という姿勢は非常に大事です。セッション内における質問に対する応答もそうですし，セッションごとに相談者が変化していくスピードに関してもそうです。伴走者のように，半歩前で歩幅を合わせて進むことが大事です。また，瑛太さんのような方が内面を語ってくれるのは，本当にありがたいことであり，それを率直に伝えたこともまた，瑛太さんが心の内を打ち明けるには功を奏したようでした。

自分の当初のアタッチメント・スタイルは拒絶型であった。他者との関係をあまり重視せず，一人で何でもやろうとするタイプである。その自分が，支援者に対して内面的なことを語り，一緒に自分の問題を考えようという姿勢にいつの間にか変わっていった。これはとても不思議なことのように思われる。一体，上記のプロセスで何が起こっていたのだろうか。

自分の警戒心や，表面的な会話をしようとする傾向を，支援者はおそらく

当初から感じていたに違いない。ただし，そうした自分の他者への反応のスタイルを，無理に改変しようとはしなかった。むしろ，他者に容易には心を開かない自分のあり方そのものを，そのままに受け止めてくれた印象がある。対人関係の持ち方は人それぞれであり，表面的なことから深い内面的なことまで，他者と主にどのような水準でコミュニケーションをしようとするのかも個人差がある。支援者はいきなり内面的なことに踏み込むのではなく，拒絶型である自分が，他者とコミュニケーションする水準での会話を粘り強く続けてくれた。そのような関わりがあったからこそ，自分のあり方を脅かされることはないのだという安全感と，この人は自分の話をしっかり聞いてくれるという信頼感が，自分のなかに高まってきたのだと思われる。

> 　瑛太さんがもうひとつ大事だと言ってくれているのは，瑛太さんのあり方そのものを変えようとせず，そのまま受け止めたことです。瑛太さんの他者との関わり方を保ちながら会話を粘り強く続けたことで，安全感と信頼が高まったと言っています。
> 　また，瑛太さんは「拒絶型である自分」といった表現をしていますが，「拒絶型の関わりを持ちやすい自分」と言っても良いのかもしれません。アタッチメント・スタイルは文脈によって変わりうるからです。

　そのような安全感や信頼感が高まってくると，もっと話してみようという意欲が刺激され，それまでよりも少し深い水準の話をする場面も出てくる。自分が思い切って内面的なことを話してみようと思ったのも，そうした事情によるものだと思われるが，支援者は拒絶型の人間が自分のことを話そうとした勇気を認めることで，その意欲をさらにエンパワメントしてくれた。以上のことから，セキュア・ボンディングの要点は，次のようにまとめられるだろう。

1．相談者のアタッチメント・スタイルを尊重する。無理にそれを改変しようとしたりせず，相談者が他者とコミュニケーションをする水準での対

話を粘り強く続ける。

2. 相談者のあり方を尊重し，耳を傾けてくれる支援者の姿から，相談者は「自分のあり方は脅かされない」という安全感と，「この人は自分の話を聞いてくれる」という信頼感を抱き始める。

3. もう少し話してみようという意欲が引き出され，相談者がそれまでの水準よりも一段深い水準での自己開示をした時には，その勇気を認め，エンパワメントをする。

4. 相談者は，さらに「もう少し話してみよう」という気持ちになり，次第に自身の内面や弱さを語るようになっていく。そこに初めて認知行動療法の主題となる「問題」が浮かび上がってくる。

5. 相談者と支援者でその「問題」について共に考えていく構図を作る。一人では抱えきれない「問題」も，支援者と二人でなら抱えられるようになる相談者はそれに対してどのように対処したら良いか，どう取り組んだら良いかといったことを考えられるようになっていく。

6. あとはトライ＆エラーで，日常生活での試行錯誤を繰り返しながら，相談者の「問題」を生活のなかでの実感や体験に根差した形で解消していく。特に，アタッチメント・スタイルが拒絶型や恐れ型の相談者の場合は，対人関係の持ち方が主たる「問題」になっていくことが多いが，それも実生活における人間関係の経験と絡み合わせながら扱っていくことで，実効的な自己認識や行動変革につなげていくことができる。

　認知行動療法にしろ，その他の心理療法にしろ，その基盤を成すのは支援者との相談者の信頼関係，協働関係である。これを欠いてしまえば，どんなに優れた技法であってもほとんど効果はない（ブリッシュ，2008）。しかし，そのような信頼関係や協働関係を他者と構築すること自体に抵抗を覚える相談者，他者に援助要請をすることができない相談者が増えているという。そうした相談者に対しては，まずはどのように信頼関係や協働関係を作っていくかということそれ自体が問題となる。定形的な質問紙等によって概念化されるアタッチメント・スタイルを意識しながら，相談者に対して過度に侵襲

的になりすぎないよう配慮しつつ，支援者への安全感・信頼感を高め，協働関係を構築していくアプローチは，認知行動療法に限らず，すべての心理療法の基礎となる重要性を持つものであり，現代の支援者にとって大きな示唆を与えるだろう。

　　pp.87-91の目標設定のところで，瑛太さんは「勇敢なことが大事だが，自分は勇敢でないのでダメな人間だ」と言っていました。私はまず瑛太さんの気持ちを受け止め，時間をかけて瑛太さんが勇気を出せるような安全基地を築けるよう努力しました。
　　瑛太さんの卒論はセキュア・ボンディングを描写・言語化しており，非常に価値があるものです。心理療法的アプローチの研究の発展のためには，相談者の協力が欠かせないと改めて感じました。

# セキュア・ボンディングの開発過程

　セキュア・ボンディングの開発にあたり，私が重視したのは，さまざまな心理療法の研究者・臨床家から助言を得るということです。しかし，その作業は簡単ではありませんでした。心理療法の学派はそれぞれ尊重されるべきで，学派を超えた議論はタブーであるという暗黙の了解があるように感じていたからです。

　しかし，このアプローチをできるだけ多くの相談者にとって役に立つものとし，できるだけ多くの専門家に利用してもらうためには，ひとつの学派集団のなかだけで開発するのではなく，様々なバックグラウンドを持つ研究者，臨床家からの助言を得ることは欠かせないと考えました。そのため，ひとつの心理療法に留まらず，複数の心理療法にオープンで，率直な意見を提供してくださる研究者・臨床家を，私が属する集団以外からも広く探し，協力を依頼しました。それが開発協力者の方々です。開発協力者は本書のアプローチに関して，私と全て意見が一致しているわけではありません。むしろ異なりながらも建設的な意見をくださったことで本書の内容がより洗練されました。開発協力者の助けなしに本書が完成することはなかったと考えています。開発協力者の皆様には深く感謝しています。

　また，心理療法を受けた当事者の方々にも多くの意見をいただきました。そのような当事者の方々に出会えたことにもこの場で感謝を申し上げたいと思います。

　開発過程としては，私が文献調査によりガイドの原案を作成し，開発協力者に意見を得た上で修正しました。その修正したガイドを，開発協力者から再度意見を得て再修正しました。そして実際に，パイロットケースとして8

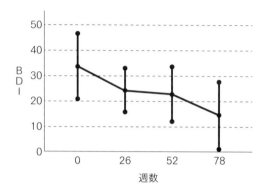

図　セキュア・ボンディングの経過

名の持続性抑うつ障害の相談者に1年半の面接を実施し，必要な点を再々修正しました。なお，セキュア・ボンディングは非安心型のアタッチメント・スタイルを持った相談者が対象であり，必ずしも愛着トラウマを持っていなくても対象となります。

　8名の相談者に開始しましたが，3カ月後に1名が経済的な問題で，4カ月後に1名が転勤により中断となりました。残る6名の相談者は，ベースラインでのうつ症状の重症度はBeck Depression Inventory-Second Edition（BDI-II）の平均値33.5点でしたが，78週の時点では14.5点であり，一般線型モデルにおいて有意に低下していました（$p = 0.015$）（図）。対照群のない試験であるため，有効性の面ではさらなる検証が必要ですが，安全性，実現可能性は一定水準を満たしていると考えます。

**開発者**

## 工藤由佳
Univeristy College London, Anna Freud, 慶應義塾大学精神・神経科学教室

**開発協力者** [所属は本書執筆現在]

林 直樹
西ヶ原病院

林もも子
立教大学 現代心理学部 心理学科

岩壁 茂
立命館大学 総合心理学部

新明一星
TCBTカウンセリングオフィス

山市大輔
慶應義塾大学精神・神経科学教室

川原庸子
玉名病院

岡島美朗
自治医科大学附属さいたま医療センター
メンタルヘルス科

小林志代
（株）MOEコンサルティング 原島産業医
事務所

星野 大
特定医療法人群馬会群馬病院

栗原真理子
杏林大学医学部精神神経科学教室

嶋田博之
東日本少年矯正医療・教育センター

渡辺俊之
渡辺医院

中尾重嗣
慶應義塾大学精神・神経科学教室

木下義一
特定医療法人群馬会群馬病院

Peter Fonagy
University College London, Anna Freud

Nick Midgley
University College London, Anna Freud

和氣大成
The Oxford Uehiro Centre for Practical
Ethics

# あとがき

　より広い視野とより開かれた議論を求めて，私は現在ロンドンに移住し，ピーター・フォナギー教授のもとで研究をしています。ロンドンの地下鉄は遅延やキャンセルがしばしば起こるため，どんなに遅くともミーティングの30分前には到着するようにして待っていると，フォナギー先生はいつも時間通りにドアを開け，"Come on in." と笑顔で迎えてくれます。そして，本書の内容などの私の話をいつも真剣に聞いてくれます。その態度は常に驚くほど対等でとても温かいです。そこで私が感じている安心感，それこそが安全基地なのだと思います。心理療法の技術を磨くということは，スーパービジョンを受けるだけでなく，日々の生活のなかで相手を理解する努力をし，安心させられる存在になること――それがフォナギー先生の背中から感じていることです。

　私はロンドンに来るまで精神科病院で10年間働いてきました。その経験から強く感じていることは，メンタルヘルスの支援者には，心理療法の技術が必要だということです。それがなければ，薬や管理中心のケアにならざるをえず，それでは相談者を根本から回復に導くことができません。心理療法の技術は，今よりずっとはるかに一般の支援者に普及されなければいけないのです。

　しかし，日本で心理療法を学ぶ場は，あまり開かれているとは言えません。心理療法を学ぶためには，一つの学派に属し，その心理療法を極めるといった方法が主流であり，学派を超えて開かれた議論の場は限られています。私はこの5年間，開発協力者との議論を通して，実にわくわくするような議論をすることができました。開発協力者の方々が持っていた無形の技術を本書

のような形で可視化できたのは，とても喜ばしいことです。本書が学派を超えて，より多くの専門家の目にとまり，開かれた議論のきっかけになることを願っています。そして，初学者が心理療法の技術を学ぶ敷居を下げ，心理療法家だけでなく，広くメンタルヘルスの支援者の方々に役立つことを信じています。

＊

　本書を読んでほしいと思う一番の理由は，本書のアプローチが，支援者にとってやりがいがあり，意味のある時間を過ごせる技術だからです。支援者にも簡単に心を開けない相談者を理解し，仲間となって課題に取り組むことは，相談者の悲しみや苦悩を共有することもありますが，上手くいった時の喜びも共に味わうことができます。そして，目の前の人を理解するために自分の視野を広げようとする姿勢は，あなたの個人的に大事な人に対する態度としても，間違いなく役に立ちます。相談者を信じ，相談者の世界に跳躍するのは勇気が必要です。ですが，その先にこそ，変化を極度に恐れ従来の心理療法で回復できなかった人の回復が待っています。

　相談者の自信と他者を信頼する力を開発する旅に，ぜひ皆さんと一緒に出かけられたら嬉しいです。本書の内容につきましては，今後，ワークショップやスーパービジョンを実施する予定です。また，本書に関してご意見がありましたら，ぜひお寄せいただければと存じます。

＊

　最後に，極めてご多忙のところ本書への推薦文執筆を快諾してくださったフォナギー先生に，改めて深くお礼を申し上げたいと思います。また監修をしていただいた岩壁茂先生には，本書の出版を一貫して支援していただきました。岩壁茂先生と金剛出版の藤井裕二様の温かな励ましと的確なアドバイスのおかげで本書を完成させることができました。本当にありがとうございました。

そして，本書への掲載を快諾してくださった瑛太さん（仮名），その指導教官の大倉得史教授に心から感謝申し上げます。また，数えきれないほどの対話によって本書に書き記した言葉を紡ぎ出してくれた配偶者の和氣大成さんに感謝を贈りたいと思います。

　2024年2月10日

工藤由佳

参考文献

Allen, J.G. (2021) Trusting in Psychotherapy. American Psychiatric Association Publishing.

Antonovsky, A. (1987) Unraveling the Mystery of Health : How People Manage Stress and Stay Well. Jossey-Bass.

Aron, L. (1990) One person and two person psychologies and the method of psychoanalysis. Psychoanalytic Psychology 7-4 ; 475.

Asai, A., Okita, T., and Bito, S. (2022) Discussions on present Japanese psychocultural-social tendencies as obstacles to clinical shared decision-making in Japan. Asian Bioethics Review.

Ball, J.S. and Links, P.S. (2009) Borderline personality disorder and childhood trauma : Evidence for a causal relationship. Current Psychiatry Reports 11-1 ; 63-68.

Bartholomew, K. and Horowitz, L.M. (1991) Attachment styles among young adults : A test of a four-category model. Journal of Personality and Social Psychology 61-2 ; 226.

Bifulco, A. (2008) Risk and resilience in young Londoners. In : D. Brom, R. Pat-Horenczyk and J. Ford (Eds.) Treating Traumatized Children : Risk, Resilience and Recovery. Routledge.

Bifulco, A., Jacobs, C., Bunn, A. et al. (2008) The Attachment Style Interview (ASI) : A support-based adult assessment tool for adoption and fostering practice. Adoption & Fostering 32-3 ; 33-45.

Bowlby, J. (2005) A Secure Base : Clinical Applications of Attachment Theory. Taylor & Francis.

Campbell, C., Tanzer, M., Saunders, R. et al. (2021) Development and validation of a self-report measure of epistemic trust. PloS one 16-4 ; e0250264.

Carol Ramos, M. (1992) The nurse-patient relationship : Theme and variations. Journal of Advanced Nursing 17-4 ; 496-506.

Chanen, A.M. and Kaess, M. (2012) Developmental pathways to borderline personality disorder. Current Psychiatry Reports 14-1 ; 45-53.

Chen, C., Chen, C., Moyzis, R. et al. (2011) Contributions of dopamine-related genes and environmental factors to highly sensitive personality : A multi-step neuronal system-level approach. PLoS One 6-7 ; e21636.

Cooper, A. and Redfern, S. (2015) Reflective Parenting : A Guide to Understanding

What's Going on in Your Child's Mind. Routledge.

Daruy-Filho, L., Brietzke, E., Lafer, B. et al. (2011) Childhood maltreatment and clinical outcomes of bipolar disorder. Acta Psychiatrica Scandinavica 124-6 ; 427-434.

De Saeger, H., Bartak, A., and Eder, E.-E. (2016) Memorable experiences in therapeutic assessment : Inviting the patient's perspective following a pretreatment randomized controlled trial. Journal of Personality Assessment 98-5 ; 472-479.

Diamond, G., Diamond, G.M. and Levy, S. (2021) Attachment-based family therapy : Theory, clinical model, outcomes, and process research. Journal of Affective Disorders 294 ; 286-295.

Eriksson, M. (2017) The sense of coherence in the salutogenic model of health. In : M.B. Mittelmark, S. Sagy, M. Eriksson et al. (Eds.) The Handbook of Salutogenesis. Springer, pp.91-96.

Eyberg, S.M., Boggs, S.R. and Algina, J. (1995) Parent-child interaction therapy : A psychosocial model for the treatment of young children with conduct problem behavior and their families. Psychopharmacology Bulletin 31-1 ; 83-91.

Fernández-Theoduloz, G., Paz, V., Nicolaisen-Sobesky, E. et al. (2019) Social avoidance in depression : A study using a social decision-making task. Journal of abnormal psychology 128-3 ; 234.

Fonagy, P., Luyten, P. and Allison, E. (2015) Epistemic petrification and the restoration of epistemic trust : A new conceptualization of borderline personality disorder and its psychosocial treatment. Journal of Personality Disorders 29-5 ; 575-609.

Fonagy, P., Luyten, P., Allison, E. et al. (2017) What we have changed our minds about : Part 2. Borderline personality disorder, epistemic trust and the developmental significance of social communication. Borderline Personality Disorder and Emotion Dysregulation 4-1 ; 1-12.

Fonagy, P., Steele, M., Steele, H. et al. (1991) The capacity for understanding mental states : The reflective self in parent and child and its significance for security of attachment. infant Mental Health Journal 12-3 ; 201-218.

Fonagy, P., Steele, M., Steele, H. et al. (1995) Attachment, the reflective self, and borderline states : The predictive specificity of the Adult Attachment Interview and pathological emotional development. In : S. Goldberg, R. Muir and J. Kerr (Eds.) Attachment Theory : Social, Developmental, and Clinical Perspectives. Analytic Press.

George, C., Kaplan, N. and Main, M. (1996) The Adult Attachment Interview. Unpublished manuscript. University of California at Berkley.

Goemans, A., Viding, E. and McCrory, E. (2021) Child maltreatment, peer victimization, and mental health : Neurocognitive perspectives on the cycle of victimization. Trauma, Violence, & Abuse ; 15248380211036393.

Goodman, G.S., Quas, J.A. and Ogle, C.M. (2010) Child maltreatment and memory. Annual Review of Psychology 61 ; 325-351.

Guidano, V.F. and Liotti, G. (1983) Cognitive Processes and Emotional Disorders : A Structural Approach to Psychotherapy. Guilford Press.

Herman, J.L. (2015) Trauma and Recovery : The Aftermath of Violence—From Domestic Abuse to Political Terror. Basic Books/Hachette Book Group. (中井久夫＝訳 (1999) 心的外傷と回復 [増補版]. みすず書房)

Howard, K.I., Kopta, S.M., Krause, M.S. and Orlinsky, D.E. (1986) The dose-effect relationship in psychotherapy. American Psychologist 41-2 ; 159-164.

Joseph, S. and Sagy, S. (2017) Positive psychology in the context of salutogenesis. In : M.B. Mittelmark, S. Sagy, M. Eriksson et al. (Eds.) The Handbook of Salutogenesis. Springer, pp.83-88.

Kitayama, S., Markus, H.R., Matsumoto, H. and Norasakkunkit, V. (1997) Individual and collective processes in the construction of the self : Self-enhancement in the United States and self-criticism in Japan. Journal of Personality and Social Psychology 72-6 ; 1245.

Kudo, Y., Nakagawa, A., Wake, T. et al. (2017) Temperament, personality, and treatment outcome in major depression : A 6-month preliminary prospective study. Neuropsychiatric Disease and Treatment 13 ; 17.

Marvin, R., Cooper, G., Hoffman, K. and Powell, B. (2002) The Circle of Security project : Attachment-based intervention with caregiver-pre-school child dyads. Attachment & Human Development 4-1 ; 107-124.

McCrory, E. (2020) The guidebook to childfood trauma and the brain. from https://uktraumacouncil.link/documents/CHILDHOOD-TRAUMA-AND-THE-BRAIN-SinglePages.pdf.

McCrory, E., Ogle, J.R., Gerin, M.I. et al. (2019) Neurocognitive adaptation and mental health vulnerability following maltreatment : The role of social functioning. Child Maltreatment 24-4 ; 435-451.

McCrory, E., Puetz, V.B., Maguire, E.A. et al. (2017) Autobiographical memory : A candidate latent vulnerability mechanism for psychiatric disorder following childhood maltreatment. The British Journal of Psychiatry 211-4 ; 216-222.

Miller, S.D., Duncan, B.L. and Hubble, M.A. (1997) Escape from Babel : Toward a unifying language for psychotherapy practice. Adolescence 32 (125) ; 247.

Mittelmark, M.B., Bauer, G.F., Vaandrager, L., Pelikan, J.M., Sagy, S., Eriksson, M., Lindström, B. and Meier Magistretti, C. (2022) The Handbook of Salutogenesis. Springer.

Nanni, V., Uher, R. and Danese, A. (2012) Childhood maltreatment predicts unfavorable course of illness and treatment outcome in depression : A meta-analysis. American Journal of Psychiatry 169-2 ; 141-151.

Neil, L., Viding, E., Armbruster-Genc, D. et al. (2022) Trust and childhood maltreatment : Evidence of bias in appraisal of unfamiliar faces. Journal of Child Psychology and Psychiatry 63-6 ; 655-662.

Nelson, J., Klumparendt, A., Doebler, P. et al. (2017) Childhood maltreatment and characteristics of adult depression : Meta-analysis. The British Journal of Psychiatry 210-2 ; 96-104.

Orlinsky, D.E. and Howard, K.I. (1986) Process and outcome in psychotherapy. In : S.L. Garfield and A.E. Bergin : Handbook of Psychotherapy and Behavior Change. John Wiley and Sons.

Parker, G. (1989) The parental bonding instrument : Psychometric properties reviewed. Psychiatric Developments 7-4 ; 317-335.

Prochaska, J.O. and Norcross, J.C. (2018) Systems of Psychotherapy : A Transtheoretical Analysis. Oxford University Press.

Ragins, M. (2002) A Road to Recovery. Mental Health America of Los Angeles. (前田ケイ＝訳 (2005) ビレッジから学ぶリカバリーへの道——精神の病から立ち直ることを支援する. 金剛出版)

Read, J. and Bentall, R.P. (2012) Negative childhood experiences and mental health : Theoretical, clinical and primary prevention implications. The British Journal of Psychiatry 200-2 ; 89-91.

Wachtel, P.L. (2011) Inside the Session : What Really Happens in Psychotherapy. American Psychological Association. (杉原保史＝監訳 (2016) ポール・ワクテルの心理療法講義——心理療法において実際は何が起こっているのか？. 金剛出版)

Widom, C.S. (2017) Long-term impact of childhood abuse and neglect on crime and violence. Clinical Psychology : Science and Practice 24-2 ; 186-202.

Wiggins, J.S., Phillips, N. and Trapnell, P. (1989) Circular reasoning about interpersonal behavior : Evidence concerning some untested assumptions underlying diagnostic classification. Journal of Personality and Social Psychology 56-2 ; 296.

Zigler, E.F. (2000) Handbook of Early Childhood Intervention. Cambridge University Press.


上野永子 (2010) Adult Attachment Interviewの臨床への適用とその展望. 人文論究 59-4 ; 164-180.

北川恵 (2013) アタッチメント理論に基づく親子関係支援の基礎と臨床の橋渡し. 発達心理学研究 24-4 ; 439-448.

武井麻子 (2006) ひと相手の仕事はなぜ疲れるのか——感情労働の時代. 大和書房.

中根千枝 (1967) タテ社会の人間関係. 講談社 [講談社現代新書].

林もも子 (2018) 思春期とアタッチメント. みすず書房.

平木典子 (2009) アサーション・トレーニング——さわやかな自己表現のために. 日本・精神技術研究所.

K・H・ブリッシュ [数井みゆき, 遠藤利彦, 北川 恵＝監訳] (2008) アタッチメント障害とその治療——理論から実践へ. 誠信書房.

宮本真巳 (2003) 援助技法としてのプロセスレコード——自己一致からエンパワメントへ. 精神看護出版.

向谷地生良 (2009) 技法以前──べてるの家のつくりかた［シリーズ ケアをひらく］. 医学書院.

「臨床研究等における患者・市民参画に関する動向調査」委員会＝監修 (2019) 患者・市民参画 (PPI) ガイドブック──患者と研究者の協働を目指す第一歩として. 日本医療研究開発機構 (AMED).

**監修者略歴**

岩壁 茂（いわかべ・しげる）

立命館大学総合心理学部 教授。早稲田大学政治経済学部卒業，McGill 大学大学院カウンセリング心理学専攻博士課程修了（Ph.D.）。札幌学院大学人文学部助教授，お茶の水女子大学・基幹研究院・教授を歴任後，2022年4月より現職。
研究領域は，「人はどのように変わるのか」というテーマをもとに，感情に焦点を当てた心理療法のプロセスと効果研究を行っている。臨床家の訓練と成長，心理療法統合などのテーマにも関心をもつ。

**主な著書・訳書** 『プロセス研究の方法』（単著・新曜社 [2008]），『改訂増補 心理療法・失敗例の臨床研究──その予防と治療関係の立て直し方』（単著・金剛出版 [2022]），『カウンセリングテクニック入門──プロカウンセラーの技法30』（編著・金剛出版 [2018]），『新世紀うつ病治療・支援論──うつに対する統合的アプローチ』（共編著・金剛出版 [2011]），『ティーンのためのセルフ・コンパッション・ワークブック──マインドフルネスと思いやりで，ありのままの自分を受け入れる』（監訳・金剛出版 [2022]），『カップルのための感情焦点化療法──感情の力で二人の関係を育むワークブック』（監訳・金剛出版 [2021]），『ダイニングテーブルのミイラ──セラピストが語る奇妙な臨床事例』（監訳・福村出版 [2011]），『変容する臨床家──現代アメリカを代表するセラピスト16人が語る心理療法統合へのアプローチ』（共監訳・福村出版 [2013]）ほか多数。

**著者略歴**

# 工藤由佳（くどう・ゆか）

医師，医学博士。英国University College LondonおよびAnna Freud客員研究員。Certified Personal Medicine London コーチ，North London Recovery College チューター，心理療法家。福島県立医科大学卒，慶應義塾大学医学研究科博士課程修了。

2012年，米国Harvard大学Mclean病院に留学し当事者活動を学ぶ。帰国後，当事者の主体性を損ない「普通」で「正常」にさせる伝統的な臨床が根強いことに次第に疑問が募る。2022年，当事者の自由を取り戻すための知識と経験を得るため家族と渡英。人が「普通」にできない時には，理解して助けてくれるよう周囲に働きかける新たなメンタルヘルスシステムの構築方法を研究中。

目標は，医師免許がなくてもできるサービスが9割を占めるメンタルヘルスセンターを日本で開き，従来であれば長期の入院が必要な人でも地域でリカバリーできる仕組みを育てること。苦しんで困っている人を精神疾患と分類し閉じ込めていた壁と鍵をなくし，「普通」にできないことや失敗はフォローしてもらえる余裕のある地域社会を創ること。

# 愛着トラウマケアガイド

## 共感と承認を超えて

2024年 3 月20日　第 1 刷発行
2024年 5 月10日　第 2 刷発行

監修者 ── 岩壁 茂
著者 ─── 工藤由佳

発行者 ── 立石正信
発行所 ── 株式会社 金剛出版
　　　　　〒112-0005 東京都文京区水道1-5-16　電話 03-3815-6661　振替 00120-6-34848

装丁◉戸塚泰雄(nu)　　装画◉長谷川海　　本文組版◉石倉康次　　印刷・製本◉三協美術印刷

ISBN978-4-7724-2022-8 C3011　　©2024 Printed in Japan

# カウンセリングテクニック入門

## プロカウンセラーの技法 30

[編]=岩壁 茂

●A5判 ●並製 ●312頁 ●定価 **3,080** 円
● ISBN978-4-7724-1642-9 C3011

傾聴，観察，アセスメントなどの
ベーシックテクニックと
戦略的なコアテクニックを提供する
実践本位のカウンセリングテクニックガイド！

---

# カップルのための感情焦点化療法

## 感情の力で二人の関係を育むワークブック

[著]=ベロニカ・カロス＝リリー ジェニファー・フィッツジェラルド
[監訳]=岩壁 茂 [訳]=柳沢圭子

●B5判 ●並製 ●280頁 ●定価 **4,180** 円
● ISBN978-4-7724-1845-4 C3011

「読む」，「考察する」，「話し合う」
というプロセスをくり返しながら，
2人の心のつながりを
強めていくことを目指す。

---

# ティーンのための
# セルフ・コンパッション・ワークブック

## マインドフルネスと思いやりで，ありのままの自分を受け入れる

[著]=カレン・ブルース [監訳]=岩壁 茂 [訳]=浅田仁子

●B5判 ●並製 ●180頁 ●定価 **3,080** 円
● ISBN978-4-7724-1888-1 C3011

強い怒り，失望，恥，孤独など，
さまざまな感情を抱える心の中を理解し，
それをうまく扱うためのセルフ・コンパッションの手引き。

---

価格は 10％税込です。

## 改訂増補 心理療法・失敗例の臨床研究

### その予防と治療関係の立て直し方

［著］=岩壁 茂

●A5判 ●並製 ●320頁 ●定価 **4,620** 円
● ISBN978-4-7724-1897-3 C3011

セラピストなら誰もが経験する
心理療法の失敗という領域について，
実践と理論の両面から検討された
臨床・研究成果をまとめた一書。

---

## エモーション・フォーカスト・セラピー入門

［著］=レスリー・S・グリーンバーグ
［監訳］=岩壁 茂 伊藤正哉 細越寛樹

●A5判 ●並製 ●212頁 ●定価 **4,180** 円
● ISBN978-4-7724-1336-7 C3011

感情にアプローチする
エモーション・フォーカスト・セラピーの
創始者グリーンバーグによる，
感情体験のための臨床マニュアル。

---

## 私をギュッと抱きしめて

### 愛を取り戻す七つの会話

［著］=スー・ジョンソン
［訳］=白根伊登恵 ［監修］=岩壁 茂

●四六判 ●並製 ●272頁 ●定価 **3,740** 円
● ISBN978-4-7724-1374-9 C3011

綻んだ絆の結び直し——。
それは簡単な所作だが，二人だけの深遠な共同作業。
彼らが求めるのは
決して失敗しない確かなケアの手法だ。

---

価格は10%税込です。

# 複雑性 PTSD の理解と回復
## 子ども時代のトラウマを癒すコンパッションとセルフケア

［著］=アリエル・シュワルツ
［訳］=野坂祐子

●A5判 ●並製 ●190頁 ●定価 **3,080** 円
● ISBN978-4-7724-1884-3 C3011

複雑性 PTSD の症状や
メカニズムをわかりやすく説明し，
自分へのコンパッション（思いやり）に焦点をあてた
セルフケアのスキルを紹介する。

---

# セラピーにおける
# トラウマ・センシティブ・ヨーガ
## 体を治療にもち込む

［著］=デイヴィッド・エマーソン
［訳］=小林 茂 佐藤愛子

●B5判 ●並製 ●152頁 ●定価 **3,080** 円
● ISBN978-4-7724-1973-4 C3011

トラウマによる深い傷を癒すために──
トラウマ・サバイバーが失われた自分の体の感覚に気づき，
そしてみずから自分の体を動かしてゆく。

---

# トラウマセンシティブ・マインドフルネス
## 安全で変容的な癒しのために

［著］=デイビッド・A・トレリーヴェン
［訳］=渋沢田鶴子 海老原由佳

●A5判 ●並製 ●272頁 ●定価 **3,520** 円
● ISBN978-4-7724-1903-1 C3011

「現在にとどまれ」とマインドフルネスは言う。
トラウマは人を
「苦痛に満ちた過去に連れ戻す」。
瞑想とトラウマの抜き差しならない関係を探る。

---

価格は 10％税込です。